KÖNIGS KOPIERVORLAGEN

W0346129

Thomas Möbius

Johann Wolfgang von Goethe

Faust

Bange Verlag

Über den Autor dieser Kopiervorlage:

Thomas Möbius, geboren 1963 in Heidelberg, Studium der Germanistik und ev. Theologie, Promotion zum Dr. phil. in der germanistischen Mediävistik, Stipendiat der Konrad-Adenauer-Stiftung, Lehraufträge an der Universität Heidelberg, 1991–2001 Lehrer an einem Gymnasium in Mannheim, seit 2002 Akademischer Rat für Literaturwissenschaft und Literaturdidaktik an der Pädagogischen Hochschule Heidelberg, mehrjährige Auslandsaufenthalte in Mailand, Rom und Singapur, Autor von Lernhilfen und Königs Erläuterungen des Bange Verlags.

2., erweiterte Auflage 2004
ISBN 3-8044-1550-4

Titelabbildung: Gustav Gründgens als Mephisto
Druck und Weiterverarbeitung: hewi-Druck, 95349 Thurnau

Inhalt

Einleitung 4

Aufbau 5

Mat. 1 Quellen zum historischen Faust 10

Mat. 2 Biografie des Johann Georg Faust 14

Mat. 3 Der historische Faust – Ein Forschungsbericht von Dr. Günther Mahal 15

Mat. 4 Der geistige und soziale Umbruch im 16. Jahrhundert 23

Mat. 5 Faust als Typus 24

Mat. 6 Die Bestandteile der *Faust*-Sage aus dem Neuruppiner Bilderbogen 27

Mat. 7 Übersicht über die epische Gestaltung des *Faust*-Stoffes 28

Mat. 8 Übersicht über die dramatische Gestaltung des *Faust*-Stoffes 29

Mat. 9 *Faust*-Synopse 30

Mat. 10 Die Entwicklung des *Faust*-Stoffes 31

Mat. 11 Tafelbild zu „Zueignung" 32

Mat. 12 Tafelbild zu „Vorspiel auf dem Theater" 33

Mat. 13 Tafelbild zu „Prolog im Himmel" 34

Mat. 14 Auszug aus dem alttestamentlichen Buch *Hiob* 35

Mat. 15 Die Gelehrtentragödie 37

Mat. 16 Emanuel Swedenborg: Schriften 38

Mat. 17 Die Gretchentragödie 41

Mat. 18 Zum Motiv der Kindsmörderin 42

Mat. 19 Leben und Sterben der Kindsmörderin Susanna Margaretha Brandt 43

Mat. 20 „Wald und Höhle" – Goethes Naturfassung 46

Mat. 21 Die Kerkerszene 47

Mat. 22 Parallelen zwischen *Faust I* und *Faust II* 48

Mat. 23 Platons Höhlengleichnis 49

Mat. 24 Texte zur Rezeption von Goethes *Faust* 50

Mat. 25 Mögliche Klausurthemen 53

Unterrichtseinheit Goethes *Faust*

Der folgende Abriss des Musteraufbaus einer UE (Unterrichtseinheit) ersetzt keine traditionelle Erläuterung; er enthält eine sinnvolle Struktur der UE sowie im Unterricht bewährtes Material, dessen Inhalt sich durch die angegebenen Leitfragen erschließen lässt. Auf didaktische Vorschläge wird zugunsten des Materials verzichtet. Die UE lässt sich an jeder Stelle vertiefen. Verwenden Sie hierfür die Königs Erläuterungen des Bange Verlags (Rüdiger Bernhardt: *Johann Wolfgang von Goethe. Faust I.* 3. Auflage. Hollfeld 2004 sowie Rüdiger Bernhardt: *Johann Wolfgang von Goethe. Faust II.* 2. Auflage. Hollfeld 2003).
Die Textgrundlage ist: Johann Wolfgang von Goethe: *Faust. Der Tragödie erster Teil.* Neu durchgesehene Auflage. Stuttgart: Reclam, 1986 sowie: Johann Wolfgang von Goethe: *Faust. Der Tragödie zweiter Teil.* Neu durchgesehene Auflage. Stuttgart: Reclam, 1986.
Die Tafelbilder wurden mit dem Programm „eMindMaps" erstellt.

Aufbau:

1. Der historische Faust
   1.1 Quellen
   1.2 Biografie
   1.3 Faust als „Kind" des 16. Jahrhunderts

2. Der literarische *Faust* vor Goethe
   2.1 *Faust*-Sagen
   2.2 Drama

3. Goethes *Faust*
   3.1 Die Entstehung des Werkes
   3.2 *Faust, der Tragödie erster Teil*
      3.2.1 „Zueignung"
      3.2.2 „Vorspiel auf dem Theater"
      3.2.3 „Prolog im Himmel"
      3.2.4 Die Gelehrtentragödie
      3.2.5 Die Gretchentragödie
   3.3 *Faust, der Tragödie zweiter Teil*
      3.3.1 Erster Akt
      3.3.2 Fünfter Akt

4. Der literarische *Faust* nach Goethe - Rezeption

5. Mögliche Klausurthemen

	Thema	Leitfragen/Aufgaben	Text-grundlage/ Material
1.	Der historische Faust		
1.1	Quellen	Welche Quellen geben Auskunft über das Leben der historisch verbürgten Faust-Gestalt?	Mat. 1
1.2	Biografie	Welche Aussagen lassen sich den Quellen entnehmen?	Mat. 2
		Welche gesicherten biografischen Daten sind vorhanden?	Mat. 3
		Wie lässt sich der historische Faust beschreiben?	
1.3	Faust als „Kind" des 16. Jahrhunderts	In welchen Bereichen lässt sich der geistige und soziale Umbruch im 16. Jahrhundert nachweisen?	Mat. 4
		Inwiefern verkörpert Faust den Forschertypus des 16. Jahrhunderts?	Mat. 5
2.	Der literarische *Faust* vor Goethe		
2.1	*Faust*-Sagen	Welche Unterschiede lassen sich zwischen dem historischen Faust und der Sagengestalt erkennen?	Mat. 6 Mat. 7
		Wie lassen sich die zahlreichen Hinzufügungen erklären? (vgl. Mat. 3)	
2.2	Drama	Wie entwickelt sich die dramatische Gestaltung des Stoffes?	Mat. 8
		Warum findet die Faust-Figur in dieser Form eine weite Verbreitung?	
3.	Goethes *Faust*		
3.1	Die Entstehung des Werkes	Erarbeiten Sie aus der *Faust*-Synopse den Grundbestand des Stoffes und die Hinzufügungen.	Mat. 9
		Skizzieren Sie anhand von Mat. 1–9 die Entwicklung des *Faust*-Stoffes.	Mat. 10
3.2	*Faust, der Tragödie erster Teil*		
3.2.1	„Zueignung"	Erarbeiten Sie eine Zusammenfassung der „Zueignung".	V. 1–32
		Erarbeiten Sie die Bedeutung der „Zueignung", indem Sie ihr Entstehungsdatum berücksichtigen.	Mat. 9 Mat. 11
3.2.2	„Vorspiel auf dem Theater"	Welche Erwartungen an das Theaterstück haben die Figuren?	V. 33–242
		Welche Funktion hat das Vorspiel?	Mat. 12
3.2.3	„Prolog im Himmel"	Was genau ist der Gegenstand der Wette?	V. 243–353
		Welches Menschenbild haben der Herr und Mephistopheles?	Mat. 13
		Welche Veränderungen erfährt der Prolog im Vergleich mit dem altestamentlichen Vorbild im Buch *Hiob*?	Mat. 14
3.2.4	Die Gelehrtentragödie		Mat. 15
3.2.4.1	Charakterisierung Fausts	Charakterisieren Sie Faust als Wissenschaftler.	V. 354–513
		Warum beschwört er den Erdgeist?	
		Vergleichen Sie die Auffassung von Menschen- und Geisterwelt im *Faust* mit der Ansicht Swedenborgs.	Mat. 16
		Welche weiteren Aspekte für die Charakterisierung Fausts als Wissenschaftler lassen sich erarbeiten?	V. 518–601
		Erarbeiten Sie die wesentlichen Charakterzüge Wagners und stellen Sie sie denen Fausts gegenüber.	
		Aus welchem Grund will Faust Selbstmord verüben?	V. 602–807
		Warum kann ihn der Klang der Osterglocken vor dem Suizid bewahren?	
		Warum ist Fausts Vorstellung von der Zugehörigkeit zum Volk eine Illusion?	V. 808–1177
		Welche Position hat Fausts Familie innerhalb der Dorfgesellschaft?	
		Wie wird die Ankunft des Teufels in den Gesprächen zwischen Faust und Wagner vorbereitet?	

3.2.4.2	Bekanntschaft mit Mephisto	Warum ist die endgültige Übersetzung von „logos" charakteristisch für den Wissenschaftler Faust? Wie vollzieht sich die Verwandlung des Pudels?	V. 1178–1321
		Wie beschreibt Mephisto sein eigenes Wesen?	V. 1322–1529
3.2.4.3	Vertrag zwischen Faust und Mephisto	Wie reagiert Faust auf das Versprechen Mephistos, Faust werde erfahren, was das Leben sei? Was genau ist der Gegenstand des Paktes? Um welchen Einsatz geht es? Wann ist der Pakt erfüllt? Was verspricht sich Faust von Mephistos Dienst?	V. 1530–1850
3.2.4.4	Plan Mephistos mit Faust	Was hat Mephisto mit Faust vor? Inwiefern zeugt sein Plan von einer Fehleinschätzung der Wünsche Fausts?	V. 1851–1867
3.2.4.5	Wissenschaftssatire (Mephisto – Schüler)	Mit welchen Argumenten kritisiert Mephisto die Philosophie, die Jurisprudenz und die Theologie? Was lobt er an der Medizin? Wie unterscheidet sich der Schüler von Wagner? Inwiefern ähnelt er Faust?	V. 1868–2050
3.2.4.6	Aufbruch („kleine Welt/große Welt")	Worauf bezieht sich die Zielangabe „große Welt" (V. 2052) und „kleine Welt" (V. 2052)?	V. 2051–2072
3.2.4.7	„Auerbachs Keller"	Vergleichen Sie die dargestellte soziale Schicht mit der Gesellschaftsszene des Osterspaziergangs. Welches Ziel verfolgt Mephisto, wenn er Faust in Auerbachs Keller bringt? Erreicht er sein Ziel? Was kritisiert Mephisto im „Flohlied"? Welche politischen Lehren lassen sich aus dem Umgang Mephistos mit den vier Gesellen ziehen?	V. 2073–2336
3.2.4.8	„Hexenküche" als Übergang von der Gelehrtentragödie zur Gretchentragödie	Was ist das Ziel des Aufenthaltes in der Hexenküche? In welchem Zusammenhang steht es mit dem Wunsch Fausts, in die „Tiefen der Sinnlichkeit" (V. 1750) zu tauchen? Suchen Sie die Stellen, in denen Hinweise auf die Gretchentragödie zu finden sind. Erläutern Sie, inwiefern es sich bei der Szene zwischen den Tieren und Mephisto um einen Kommentar zur Französischen Revolution handeln könnte.	V. 2337–2604
3.2.5	Die Gretchentragödie		Mat. 17
		Informieren Sie sich über das Motiv der Kindsmörderin.	Mat. 18
		Welche Gründe für den Kindsmord nennt Susanna Margaretha Brandt in ihrer Vernehmung?	Mat. 19
3.2.5.1	Exposition: Begegnung	Wie zeigt sich in der Anrede Gretchens, dass Faust mit ihrer Eitelkeit rechnet?	V. 2605–2618
		Belegen Sie an der Sprache Fausts die Aussage, dass Fausts Interesse an Gretchen vornehmlich sexueller Natur ist. Mit welchen Einwänden reizt Mephisto Fausts Begehren zusätzlich?	V. 2619–2675
		Erläutern Sie, wie sich Fausts Ausdrucksweise beim Betreten von Gretchens Stube wandelt. Was macht Gretchen mit dem aufgefundenen Schmuck? Inwiefern wird der tragische Ausgang der Liebesgeschichte bereits in Gretchens Lied vom König in Thule vorweggenommen? Inwiefern ist das Scheitern der Beziehung bereits in der Exposition angelegt?	V. 2684–2864
3.2.5.2	Steigerung: Das Kennenlernen	Das Prinzip der Spiegelung bzw. Kontrastierung bestimmt die Szene, in der Mephisto das Treffen vereinbart (vgl. V. 2897–3024), und vor allem das eigentliche Treffen (vgl. V. 3073–3204) selbst. Erarbeiten Sie, inwiefern sich das Wesen Mephistos: „Ich bin der Geist, der stets verneint!" (V. 1338) in den Gesprächen mit Marthe offenbart. In V. 3192 verbindet Faust die Liebe mit dem Verlangen nach Ewigkeit. Warum ist Mephisto hier in Gefahr, die Wette mit Gott zu verlieren?	V. 2865–3204

3.2.5.3	Höhepunkt und Peripetie: Reaktionen auf die Liebesbeziehung	Erarbeiten Sie die unterschiedlichen Reaktionen Fausts (vgl. V. 3217–3373) und Gretchens (vgl. V. 3374–3413) auf die Liebesbeziehung.	V. 3205–3413
		Wo erkennt Faust, dass er Gretchens Leben zerstören wird?	
		Welche Funktion hat die Natur in der Szene „Wald und Höhle" (V. 3217–3373)?	Mat. 20
		Ziehen Sie zur Erarbeitung auch die Naturdarstellungen in den Szenen „Prolog im Himmel", „Nacht" und „Hexenküche" heran.	
3.2.5.4	Retardation/fallende Handlung: Liebesnacht, Tod der Mutter und Valentins, Flucht Fausts	Welche unterschiedlichen Meinungen in Bezug auf die Religion treffen im Religionsgespräch zwischen Faust und Gretchen aufeinander?	V. 3414–3520
		Welche Gefühle bestimmen Gretchens Eindruck von Mephisto?	
		Welche Pläne für die bevorstehende Liebesnacht werden gefasst?	
		In der Szene am Brunnen wird erstmals das leidende Gretchen gezeigt. Welche gesellschaftlichen Moralvorstellungen werden artikuliert und welche Einstellung hat Gretchen dazu?	V. 3544–3586
		Warum wendet sich Gretchen in der Szene „Zwinger" an Maria?	V. 3587–3619
		Warum bittet sie nicht den Vater ihres Kindes um Hilfe?	
		Wie lässt sich die dramaturgische Funktion der Szene „Nacht. Straße vor Gretchens Tür" bestimmen?	V. 3620–3775
		Wie lässt sich die Szene im Dom psychologisch deuten?	V. 3776–3834
3.2.5.5	Katastrophe/Lösung: Faust auf dem Walpurgisnacht-Fest, Gretchen im Kerker, ihre Rettung	Faust erlebt in der Walpurgisnacht das Nichts, die Gegenwelt Mephistos. Weisen Sie verschiedene Konzeptionen dieser Gegenwelt im Text nach.	V. 3835–4398
		Gelingt es Mephisto, Faust abzulenken?	
		Gliedern Sie den „Walpurgisnachttraum" nach inhaltlichen Gesichtspunkten. Welche Funktion hat er?	
		Warum hat Goethe die Szene „Trüber Tag" nicht in Verse gesetzt?	S. 127–129
		Welche Informationen erhält man über das Schicksal Gretchens?	
		Welche Vorwürfe formuliert Faust?	
		Warum ist Faust nach Mephistos Ansicht verantwortlich für das Schicksal Gretchens?	
		Welche Funktion hat die Szene „Nacht. Offen Feld"?	V. 4399–4404
		Erarbeiten Sie die Stellen, die auf Margaretes Wahnsinn hindeuten.	V. 4405–4612
		Warum will sie nicht mit Faust aus dem Kerker fliehen?	Mat. 21
		Warum kann Margarete schließlich gerettet werden?	Mat. 21
3.3	*Faust, der Tragödie zweiter Teil*		Mat. 22
3.3.1	Erster Akt „Anmutige Gegend"	In welchem Zustand befindet sich Faust zu Beginn des zweiten Aktes?	V. 4613–4727
		Weisen Sie Parallelen nach zwischen V. 4727 bzw. V. 12104 f. und Platons Höhlengleichnis.	Mat. 23
	„Kaiserliche Pfalz"	Was wird über den Zustand des Reiches gesagt?	V. 4728–5064
		Welche Rolle nimmt Mephisto ein?	
		Welche Lösung schlägt er vor, mit der die bankrotte feudale Naturalwirtschaft überwunden werden kann?	
	„Weitläufiger Saal"	Wo erkennen Sie einen Zusammenhang zwischen dem Maskenball und der vorangegangenen Szene?	V. 5065–5986
	„Lustgarten"	Welchen Erfolg hat das eingeführte Papiergeld?	V. 5987–6172
		Wann wurde dem Kaiser die Unterschrift für das neue Papiergeld „entlockt"?	
		Die eigentliche Ausführung des Plans zur Umstellung der Wirtschaft auf Papiergeld, welches wiederum durch den Wert der Bodenschätze gesichert sein soll, wird erst nachträglich berichtet. Was bewirkt diese Erzählweise, die man als „Leerstellentechnik" bezeichnen kann, beim Leser?	

	„Finstere Galerie"	Warum muss Faust zu den „Müttern" gehen?	V. 6173–6306
	„Hell erleuchtete Säle"	Welche Funktion hat die Szene aus der „großen Welt", in der die Angehörigen der höheren Stände Mephisto ihr Leid klagen?	V. 6307–6376
	„Rittersaal"	Wie erleben die Zuschauer und Faust das Erscheinen von Paris und Helena?	V. 6377–6565
		Fassen Sie die Informationen über das Reich der Mütter zusammen, die in dieser Szene und in den vorhergehenden Szenen gegeben werden.	
		Stellen Sie den Bezug zwischen dem Reich der Mütter und Platons Höhlengleichnis her.	Mat. 23
		Wie lässt sich der Wunsch Fausts deuten, Helena und Paris festhalten zu wollen?	
3.3.2	Fünfter Akt		
	„Offene Gegend"	Wie hat sich die Landschaft verändert, seit der Wanderer von Philemon und Baucis gerettet worden ist?	V. 11043–11142
		Wie bewerten Philemon und Baucis die Veränderungen?	
	„Palast"	Warum ist Faust unzufrieden?	V. 11143–11287
		Wo zeigen sich in Mephistos Begrüßungsrede Merkmale frühkapitalistischen Wirtschaftens?	
		Welchen Hinweis auf den Plan Mephistos gibt die Anspielung auf Naboths Weinberg?	
	„Tiefe Nacht"	Auf welche Weise löst Mephisto das Problem, das Fausts Unzufriedenheit hervorruft?	V. 11288–11383
		Inwiefern ähnelt der Grund der Unzufriedenheit dem Wunsch des ersten Teils, zu erkennen, was die Welt im Innersten zusammenhält (V. 382 f.)?	
		Warum liegt in dieser Tat der tragische Kern der Herrschertragödie?	
	„Mitternacht"	Zu welcher Einsicht gelangt Faust angesichts des nahen Todes und angesichts der Anwesenheit der Sorge?	V. 11384–11510
	„Großer Vorhof des Palastes"	Weisen Sie nach, wie sich die Maßlosigkeit des blinden Faust in seiner fehlerhaften Interpretation der Realität zeigt.	V. 11511–11603
		Hat Mephisto die Wette gewonnen?	
	„Grablegung"	Wie gelingt es den Engeln, Faustens Unsterbliches zu retten?	V. 11604–11843
	„Bergschluchten"	Warum kann Faust erlöst werden?	V. 11844–12111
4.	Der literarische *Faust* nach Goethe-Rezeption	Erarbeiten Sie die charakteristischen Merkmale der jeweiligen *Faust*-Deutung.	Mat. 24
5.	Mögliche Klausurthemen		Mat. 25

MAT. 1 QUELLEN ZUM HISTORISCHEN FAUST

1507 Johannes Trithemius/Sponheim (Pfalz)

Brief an Johann Virdung (20. August 1507)

Jener Mensch, über welchen du mir schreibst, Georg Sabellicus, welcher sich den Fürsten der Nekromanten zu nennen wagte, ist ein Landstreicher, leerer Schwätzer und betrügerischer Strolch, würdig ausgepeitscht zu werden, damit er nicht ferner mehr öffentlich verabscheuungswürdige und der heiligen Kirche feindliche Dinge zu lehren wage. Denn was sind die Titel, welche er sich anmaßt, anders als Anzeichen des dümmsten und unsinnigsten Geistes, welcher zeigt, dass er ein Narr und kein Philosoph ist? So machte er sich folgenden ihm konvenierenden Titel zurecht: Magister Georg Sabellicus, Faust der Jüngere, Quellbrunn der Nekromanten, Astrolog, Zweiter der Magie, Chiromant, Aeromant, Pyromant, Zweiter in der Hydromantie. – Siehe die törichte Verwegenheit des Menschen; welcher Wahnsinn gehört dazu, sich die Quelle der Nekromantie zu nennen! Wer in Wahrheit in allen guten Wissenschaften unwissend ist, hätte sich lieber einen Narren denn einen Magister nennen sollen. Aber mir ist seine Nichtswürdigkeit nicht unbekannt. Als ich im vorigen Jahre aus der Mark Brandenburg zurückkehrte, traf ich diesen Menschen in der Nähe der Stadt Gelnhausen an, woselbst man mir in der Herberge viele von ihm mit großer Frechheit ausgeführte Nichtsnutzigkeiten erzählte. Als er von meiner Anwesenheit hörte, floh er alsbald aus der Herberge und konnte von niemand überredet werden, sich mir vorzustellen. Wir erinnern uns auch, dass er uns durch einen Bürger die schriftliche Aufzeichnung seiner Torheit, welche er dir gab, überschickte. In jener Stadt erzählten mir Geistliche, er habe in Gegenwart vieler gesagt, dass er ein so großes Wissen und Gedächtnis aller Weisheit erreicht habe, dass, wenn alle Werke von Plato und Aristoteles samt all ihrer Philosophie durchaus aus der Menschen Gedächtnis verloren gegangen wären, er sie wie ein zweiter Hebräer Esra durch sein Genie sämtlich und vorzüglicher als vorher wiederherstellen wolle. Als ich mich später in Speyer befand, kam er nach Würzburg und soll sich in Gegenwart vieler Leute mit gleicher Eitelkeit gerühmt haben, dass die Wunder unseres Erlösers Christi nicht anstaunenswert seien; er könne alles tun, was Christus getan habe, so oft und wann er wolle. In den Fasten dieses Jahres kam er nach Kreuznach, wo er sich in gleicher großsprecherischer Weise ganz gewaltiger Dinge rühmte und sagte, dass er in der Alchimie von allen, die je gewesen, der Vollkommenste sei und wisse und könne, was nur die Leute wünschten. Während dieser Zeit war die Schulmeisterstelle in gedachter Stadt unbesetzt, welche ihm auf Verwendung von Franz von Sickingen, dem Amtmann deines Fürsten, einem nach mystischen Dingen überaus gierigen Manne, übertragen wurde. Aber bald darauf begann er mit Knaben die schändlichste Unzucht zu treiben und entfloh, als die Sache ans Licht kam, der ihm drohenden Strafe. Das ist es, was mir nach dem sichersten Zeugnis von jenem Menschen feststeht, dessen Ankunft du mit so großem Verlangen erwartest. (Leander Petzoldt (Hrsg.): *Das Volksbuch von Doktor Faust. 1587.* Reihe: Editionen für den Literaturunterricht. Klett, Stuttgart 1981, S. 131–133.)

1513 Mutianus Rufus (Erfurt)

Vor acht Tagen kam ein Chiromant nach Erfurt, namens Georgius Faustus Helmitheus Hedelbergensis, ein bloßer Prahler und Narr. Seine Kunst, wie die aller Wahrsager, ist eitel, und eine solche Physiognomie ist leichter als eine Wasserspinne. Die Dummen sind voller Bewunderung. Gegen ihn sollten sich die Theologen erheben, statt dass sie den Philosophen Reuchlin zu vernichten suchen. Ich hörte ihn im Wirtshaus schwatzen [...]. (Günther Mahal: *Faust, der Mann aus Knittlingen 1480–1980.* Dokumente, Erläuterungen, Informationen. Pforzheim 1980, S. 37.)

1520 Georg III. von Bamberg

Aus dem Rechnungsbuch des Fürstbischofs (12. Februar 1520):
Item X gulden geben und geschenckt Doctor Faustus ph[ilosoph]o zuvererung hat m[einem] g[nedigen] herren ein nativitet oder Indicium gemacht, zalt am Sontag nach stolastice. Jussit R(everendissi]mus. (Leander Petzoldt (Hrsg.): *Das Volksbuch von Doktor Faust. 1587.* Reihe: Editionen für den Literaturunterricht. Klett, Stuttgart 1981, S. 133 f.)

1528 Prior Kilian Leib (Rebdorf)

Georgius faustus helmstet. sagte am 5. Juni: Wenn Sonne und Jupiter im gleichen Grad ein und desselben Sternzeichens stehen, dann werden Propheten geboren (wohl solche wie seinesgleichen). Er versicherte, dass er Kommendator oder Präzeptor einer kleinen Niederlassung der Johanniter im Grenzgebiet Kärntens sei, einem Ort namens Hallestein. (Günther Mahal: *Faust, der Mann aus Knittlingen.* A. a. O., S. 37.)

1528 Zwei Protokolle des Ingolstädter Rats

(1) Anheut Mitwoch nach viti 1528. Dem Wahrsager soll befohlen werden, dass er zu der Stadt auszieh und seinen Pfennig anderswo verzehre.
(2) Am Mittwoch nach viti 1528 ist einem der sich genant Dr. Jörg Faustus von Heidelberg gesagt, dass er seinen Pfennig anderswo verzehre, und hat angelobt, solche Erforderung für die Obrigkeit nicht zu ahnden noch zu äffen.
(Günther Mahal: *Faust, der Mann aus Knittlingen.* A. a. O., S. 37.)

1532 Verfügung des Nürnberger Rates

Doctor fausto, dem grossen Sodomitten und Nigromantico zu furr, glait ablainen. Burg[ermeister] Ju[ni]or.
»glait ablainen«: (Den Antrag auf) Geleit ablehnen.
(Günther Mahal: *Faust, der Mann aus Knittlingen.* A. a. O., S. 37.)

1536 Joachim Camerarius

Vor kurzem hatte ich eine sehr schlimme Nacht, als der Mond dem Mars in den Fischen gegenüberstand. Dein Freund Faust hat es fertig gebracht, dass ich Gefallen daran finde, diese Dinge mit dir zu besprechen. Er hätte dich allerdings besser etwas aus dieser Disziplin gelehrt, als dass er dich mit dem Windchen des hohlsten Aberglaubens aufgeblasen und dich in Spannung gehalten hätte mit ich weiß nicht was für Blendwerk. Aber was sagt er uns eigentlich? Was also? Ich weiß nämlich, dass du dich über all das sorgfältig erkundigt hast. Wird der Kaiser siegen? Das muss allerdings geschehen. (Günther Mahal: *Faust, der Mann aus Knittlingen.* A. a. O., S. 37 f.)

1539 Philipp Begardi *Index sanitatis*

Es wirt noch eyn namhafftiger dapfferer mann erfunden: ich wolt aber doch seinen namen nit genent haben / so wil er auch nit verborgen sein / noch unbekant. Dann er ist vor etlichen jaren vast durch alle landtschafft / Fürstenthuomb vnnd Königreich gezogen / seinen namen jederman selbs bekant gemacht / vnd seine grosse kunst / nit alleyn der artznei / sonder auch Chiromancei / Nigramancei / Visionomei / Visiones imm Cristal / vnd dergleichen mer künst / sich höchlich berümpt. Vnd auch nit alleyn berümpt, sonder sich eynen berümpten vnd erfarnen meyster bekant vnnd geschriben. Hat auch selbs bekant / vnd nit geleugknet / dasz er sei / vnnd heysz Faustus, domit sich geschriben Philosophum Philosophorum etc. Wie vil aber mir geklagt haben, dasz sie von jm seind to betrogen worden, deren ist eyn grosse zal gewesen. Nuon sein verheyssen ware auch grosz / wie des Tessali: dergleichen sein rhuom / wie auch des Theophrasti: aber die that / wie ich noch vernimm, vast kleyn vnd betrüglich erfunden: doch hat er sich imm gelt nemen, oder empfahen (das ich auch recht red) nit gesaumpt / vnd nachmals auch imm abzugk / er hat / wie ich beracht / vil mit den ferszen gesegnet. Aber was soll man nuon dazuthuon, hin ist hin / ich wil es jetzt auch do bei lassen / luog du weiter / was du zuschicken hast. (Günther Mahal: *Faust, der Mann aus Knittlingen.* A. a. O., S. 38.)

1540 Brief Philipps von Hutten vom 16. Januar 1540 aus Venezuela anlässlich der missglückten Welser-Expedition

Hie habt ihr von allen Gubemationen ein wenig, damit ihr sehet, dasz wir hie in Venezola nicht allein biszher unglücklich gewest sein, diese alle obgemelte Armata verdorben seind jnnerhalb 3. Monathe, vor und nach uns zu Sevilla ausgefahren, dasz ich bekennen musz, dasz es der Philosophus Faustus schier troffen hat, dann wir ein fast böszes Jahr antroffen haben, aber Gott hab Lob ist uns fast unter allen anderm am besten gangen. (Günther Mahal: *Faust, der Mann aus Knittlingen.* A. a. O., S. 38.)

1564–1566 Zimmernsche Chronik (Auszug)

Band I, S. 577:
Das aber die pratik solcher kunst nit allain gottlos, sonder zum höchsten sorgclich, das ist unlaugenbar, dann sich das in der erfarnus beweist, und wissen, wie es dem weitberüempten schwarzkünstler, dem Fausto, ergangen. Derselbig ist nach vilen wunderbarlichen sachen, die er bei seinem leben geiebt, darvon auch ain besonderer tractat wer zu machen, letzstlich in der herrschaft Staufen im Preisgew in großem alter vom bösen gaist umbgebracht worden.

Band III, S. 529–530:
Das ich aber widerumb vom reichstag zu Regenspurg sag, so haben sich sonst vil lecherlicher hendel alda begeben, ... Es ist auch umb die zeit der Faustus zu oder doch nit weit von Staufen, dem stetlin im Breisgew, gestorben. Der ist bei seiner zeit ein wunderbarlicher nigromanta gewest, als er bei unsern zeiten hat mögen in deutschen landen erfunden werden, der auch sovil seltzamer hendel gehapt hin und wider, das sein in vil jaren nit leuchtlichen wurt vergessen werden. Ist ain alter mann worden und, wie man sagt, ellengclichen gestorben. Vil haben allerhandt anzeigungen und vermuetungen noch vermaint, der bös gaist, den er in seinen lebzeiten nur sein schwager genannt, hab ine umbbracht. Die büecher, die er verlasen, sein dem herren von Staufen, in dessen herrschaft er abgangen, zu handen worden, darumb doch hernach vil leut haben geworben und daran meins erachtens ein sorgclichen und unglückhaftigen schatz und gabe begert. Den münchen zu Lüxhaim im Wassichin hat er ain gespenst in das closter verbannet, desen sie in vil jaren nit haben künden abkommen und sie wunderbarlich hat molestirt, allain der ursach, das sie ine einsmals nit haben wellen übernacht behalten, darumb hat er inen den unrüebigen gast geschafft. (Georg Rudolf Widman: *Das ärgerliche Leben Johannis Fausti.* Vermehrt durch Joh. Nicolaum Pfitzerum. Nürnberg 1674.)

Mat. 2 Biografie des Johann Georg Faust

Aus den unter Mat. 1 aufgeführten Quellen lässt sich etwa der folgende Lebenslauf erschließen:

Jahr	Ort	Alter	Ereignis
1466/67	Helmstadt **oder**		Geburt als Georg von Helmstadt (nach Frank Baron: *Faustus. Geschichte, Sage, Dichtung.* München 1982.)
1480	Knittlingen		Geburt als Johann Georg Faust, nennt sich später Dr. Jörg Faust von Heidelberg (nach Günther Mahal: *Faust. Die Spuren eines geheimnisvollen Lebens.* Bern 1980.)
1506	Gelnhausen	26	Faust hinterlässt Johannes Trithemius eine Art Visitenkarte mit seiner Berufsbezeichnung: Wahrsager, Magier, Alchemist, Astrologe, Heilpraktiker.
1520	Bamberg	40	Faust erstellt ein Geburtshoroskop für Bischof Georg III.
1528	Ingolstadt	48	Ausweisung aus Ingolstadt
1532	Nürnberg	52	Ablehnung des beantragten Geleites
1536		56	Der Philologe Joachim Camerarius will von Faust den Ausgang des Krieges zwischen Karl V. und Franz I. erfahren.
1539	Worms	59	Der Stadtarzt Philipp Begardi bezeichnet Faust als Betrüger.
1540		60	Voraussage für den nach Venezuela reisenden Philipp von Hutten, die eintraf.
1540	Staufen i. Breisgau	60	Tod (nach Günther Mahal: *Der historische Faust – eine deutsche Figur zwischen Einst und Jetzt.* Hrsg. von der Landeszentrale für politische Bildung in Baden-Württemberg. Heft 13. Stuttgart 1988, S. 33.)

Mat. 3 Der historische Faust – ein Forschungsbericht von Dr. Günther Mahal

1. Der historische Faust

Der historische Johann Georg Faust lebt etwa von 1480 bis etwa 1540. Mit hoher Wahrscheinlichkeit wird er im damals noch pfälzischen, seit 1504 dann württembergischen Knittlingen geboren; mit einiger Sicherheit stirbt er in Staufen im Breisgau. - Die Form dieser Angaben macht bereits deutlich, was nahezu alle Aussagen über den Namensgeber der Faust-Tradition bestimmen muss: Die Quellenlage ist dürftig, meist parteiisch und immer erläuterungsbedürftig.

Lediglich neun - meist kurze - Texte konnten in einer langjährigen Suchaktion aufgefunden werden, die zu Fausts Lebzeiten niedergeschrieben worden sind und die lediglich den Kritierien der Authentizität und der Autopsie genügen. Zusammengeschrieben, ergeben diese Texte nicht mehr als dreieinhalb Schreibmaschinenseiten - eine überaus dürftige Ausbeute aus einem sechzigjährigen Leben; und von grotesker Dürftigkeit dann, wenn man die Hunderttausende von Seiten mit ihnen vergleicht, die später in Literatur und Forschung auf Fausts Nachfahren in den verschiedenen Künsten verwendet worden sind.

Vergleicht man die neun zeitgenössischen Texte zum historischen Faust mit den Großereignissen seiner Lebensepoche 1480–1540 (etwa den Entdeckungsreisen, der Reformation oder dem Bauernkrieg), so ergeben sich zwar keine direkten Aufschlüsse für Fausts Interessen oder Beteiligungen; gleichwohl sind für die Erforschung und Bewertung des historischen Faust die allgemeinen Daten, Strömungen und Entwicklungen dieser Ära zwischen Spätmittelalter und früher Neuzeit von Belang.

Eine dünne, aber selbstbewusste, in Latein miteinander korrespondierende und konspirierende Elite humanistischer Gelehrter legt die Fesseln scholastischen Denkens ab und errichtet unter Rückberufung auf Sprachen, Denken, Literatur und Geist der klassischen Antike ein Reich der Wissenschaften und der ethischen Ideale, in dem zu leben es eine »Lust« ist (Ulrich von Hutten). Ebenfalls antiken Mustern und Schönheitsvorstellungen verpflichtet weiß sich die künstlerische Renaissance, in der profane und oft »heidnische« Formen und Themen die bisherigen kirchlichen Bindungen der Kunst sprengen. Die nach Luthers Thesen von 1517 langsam und längst noch nicht breitflächig einsetzende Reformation zeigt zwar Entschiedenheit in der Abkehr von katholischer Dogmatik und von veräußerlichten Kultformen; die Phase der theologischen Selbstfindung geht jedoch sehr zäh und kontrovers voran; zum Zeitpunkt von Fausts Tod (1540) ist sie noch nicht abgeschlossen. Auf Luthers Begriff von der Freiheit des Christenmenschen haben die Bauern gesetzt, die sich 1524/25 revolutionär gegen unsägliche Unterdrückung und Ausbeutung zu wehren versuchen. Das Scheitern ihres Aufstandes, der Luther auf Seiten der Fürsten sieht, zementiert das alte Unrecht auf lange Generationen hin.

So sehr die Signatur dieser Epoche durch den harmonischen oder abrupten Abschied vom Alten und durch Aufbruch und Neubeginn gekennzeichnet ist, so stabil und konstant erweisen sich doch einige Felder, die für die Beurteilung der

historischen Faust-Figur wie auch für deren legendäre und literarische Entwicklung von höchster Bedeutung sind: Aus dem – jetzt »dunkel« genannten – Mittelalter überleben die Zeitenwende ungebrochen, ja häufig mit verstärkter Vitalität magische, mantische und alchemistische Praktiken und Vorstellungen. Und insbesondere das Teufelsbild vergangener Jahrhunderte erfährt durch Luther neue und gefährliche Dimensionen; die entschiedene Berufung auf biblische Aussagen lässt Luthers Diabolologie immer deutlicher zu einem eigenmächtigen Gegenreich Gottes und seiner Engel anwachsen; es hat den Anschein, als ob der protestantische Pandiabolismus (»und wenn die Welt voll Teufel wär«) die positiven Potenzen des nun abgeschafften Heiligenhimmels pervertiert in sich aufgesogen hätte.
Johann Georg Faust hat sich – das geht aus mehreren zeitgenössischen Zeugnissen hervor – als Mantiker betätigt; er hat sich also als Wahrsager betätigt, der aus den Elementen Luft, Feuer und Wasser, aber auch durch die Befragung Toter, weiter aus der Kristallkugel, aus den Linien des Gesichts und aus den Bergen und Linien der Hand seine Prognosen stellt. Aus Katalogen der Zeit kennen wir weit über hundert Arten der mantischen Zukunftsschau; Faust praktiziert die gebräuchlichsten. Voraussetzung ist ein festes Vertrauensverhältnis zwischen Seher und Klient; wohl noch wichtiger ist die psychologische Einfühlungs und Überzeugungskraft des Meisters. Je mehr umständliche Kombinatorik er anzuwenden und je mehr Latein oder Abrakadabra er zu beherrschen scheint, um so eher gilt er als Experte, der gepfefferte Honorare verlangen kann. Gutes Schuhwerk verhilft ihm stets zu genügend raschem Abgang; sobald die Wahrsagung eintrifft, ist er längst nicht mehr greifbar (...).
(Die Kirchen) unterteilen den großen und durchaus homogenen Kuchen der Magie in eine weiße, erlaubte, göttliche Magie auf der einen Seite, eine schwarze, verbotene, teuflische Magie auf der anderen Seite. Wenn sich die eine oder die andere Magie auch sachlich nicht unterscheiden – die Zuordnung in Böcke und Schafe ist entscheidend, zuweilen existenziell entscheidend. Denn der Schwarzmagier gilt als Teufelsgeselle und als vogelfrei. In den Klöstern, aber auch andernorts, gilt es als beliebter, wenn auch böser Sport, unliebsame Mitbrüder oder Kollegen der schwarzen Magie zu bezichtigen; schon die Verdächtigung macht manche Planstelle frei... (Trithemius kommt auf diese Weise von seiner fetten Sponheimer Pfründe auf die Landstraße.) – Der historische Faust wird in den Quellen seiner Zeit zwar als Magier, nie aber als Schwarzmagier bezeichnet; erst durch seinen Tod wird die »richtige« Zuordnung eindeutig. Aber natürlich hängt schon dem nicht näher qualifizierten »Magier« ein Rüchlein des Abseitigen an, des Dämonischen, vielleicht auch schon des Diabolischen.
Die Alchemisten erleben um 1500 eine gewisse Blütezeit; ihr Handwerk oder ihre Kunst ist jedoch zur Zeit von Fausts Geburt schon Jahrhunderte alt. Das Ziel der Alchemie ist die labormäßige Herstellung von Gold, was durch ständige Verfeinerung der so genannten unedlen Metalle erreicht werden soll; in langwierigen chemischen Prozessen mit komplizierten Apparaturen begleitet von einer metaphernreichen und letztlich hermetischen Fachsprache will man das »königliche Metall« gewinnen: Gold, das die höchsten Herrschaften zum Kriegführen ebenso brauchen wie zur Bestechung der Kurfürsten bei der Kaiserwahl von 1519; Gold, das auch für die gewaltsamen Kolonisationen in Mittel und Südamerika das Hauptziel darstellt. Gold in der Retorte herzustellen, dies erscheint uns heute als nachgerade lächerliche Bemühung. Für Faust und seine früheren wie späteren Kollegen bis ins 18. Jahrhundert handelt es sich aber um eine höchst ernst-

hafte Anstrengung, die auf der solidesten wissenschaftlichen Grundlage beruht. Kein Geringerer als Aristoteles nämlich hat gelehrt, dass jeglicher Stoff, der auf Erden vorkommt, in einem jeweils spezifischen Mischungsverhältnis aus den vier Elementen zusammengesetzt sei: aus Erde, Feuer, Luft und Wasser. Gold aber kommt empirisch vor; also muss es auch synthetisierbar sein, und sei der Weg dorthin noch so umständlich und zeitraubend. Wer die Formel gefunden hätte, die tatsächlich Gold zu machen erlaubte, dem wären die Könige zu Füßen gelegen. Dass der Traum vom destillierten Gold ein bloßer Traum sei, das wird erst im 19. Jahrhundert evident, als man das periodische System der Elemente findet und Gold als Element bekannt wird, mithin als nicht künstlich herstellbar.
Ein weiterer Bereich ist zu nennen, dessen historische Wurzeln noch sehr viel weiter zurückreichen als die der Alchemie, zugleich ein Bereich, dessen heutige Anhängerschaft (oder soll man sagen: deren Gläubige?) immer noch oder auch wieder nach Millionen zählt: der Bereich der Astrologie. Oberste Maxime dieser Disziplin, die sich in Fausts Zeit eng verquickt mit der beginnenden Astronomie darstellt, ist der Glaube, dass alles irdische und auch individuell menschliche Geschehen in den Sternen vorgezeichnet sei, dass die Regentschaft der Sterne über die Menschen und die Städte und die Staaten immer während sei und dass jeder Mensch im Augenblick seiner Geburt sozusagen einen Himmels-Pass lebenslanger Prägewirkung aufgedrückt bekommen habe. Diesen Himmels-Pass in der »Nativität« - dem Geburtsstunden-Horoskop - zu entschlüsseln, ist eine wichtige (und lukrative) Aufgabe für den Astrologen. Aber die Astrologen haben um 1500 auf die vielfältigsten Gebiete des täglichen Lebens den größten Einfluss; so werden vor Kriegen, Schlachten, Reisen und anderen wichtigen Ereignissen die Sterne befragt; so wird das medizinische Allheilmittel des Aderlasses nur zu bestimmten Mondständen angewandt; so werden Horoskope von bedeutenden Persönlichkeiten gesammelt, damit man Freund und Feind gleichsam im präzisen Steckbrief vor sich hat. Die Planeten und Tierkreiszeichen werden dem ganzen menschlichen Körper zugeordnet; auf der Hand erscheinen sie komprimiert noch einmal. Die Astrologie verschwistert sich planmäßig mit magischen und mantischen Vorstellungen; ihre Makrokosmos-Mikrokosmos-Entsprechungslehren nehmen eine derartige Stärke und Zwanghaftigkeit an, dass die Probleme menschlicher Verantwortung und menschlicher Freiheit kaum mehr als theologische und philosophische Fragen erscheinen. Wer Horoskope stellen und die anderen Dienstleistungen der Astrologie erbringen kann, kommt rasch zu Geld. Der historische Faust wird die Bereiche von Astrologie und Wahrsagerei gewiss miteinander verbunden haben; Klientel gibt es in einer Epoche gesteigerter Endzeiterwartung und Existenzfurcht immer genug. Wer die Sterne richtig zu deuten weiß und wer als Zukunftsprophet gilt, der kommt rasch zu mehr als nur der Butter auf dem Brot.
Der historische Faust hat sich außerdem mit Heilkunde beschäftigt, eines der neun Zeugnisse, verfasst vom Wormser Stadtarzt Philip, erbost sich aus der Perspektive des regulär ausgebildeten Mediziners über Fausts Heilmethoden und über seine beträchtlichen Erfolge beim Kundenfang zu Lasten des Wormser Doktors. Nun sind die Ärzte zu Fausts Lebzeiten zwar theoretisch an Universitäten ausgebildet worden, dabei aber nie mit Kranken oder Leichen in Berührung gekommen. Der Besuch am Krankenbett ist nicht üblich; der Arzt beschränkt sich darauf, den von seinem Gehilfen geholten Urin des Patienten zu begutachten und daraus seine Diagnose zu stellen. Diese Praxisferne bei gleichzeitig hochgeschraubtem Standesdünkel stellt ein Mann bloß, der selbst an deutschen und

italienischen Universitäten Medizin studiert und der es bis zum Professor gebracht hat: Paracelsus. Er führt in Basel die erste Bücherverbrennung im deutschen Sprachraum durch und übergibt die Schriften der größten medizinischen Autoritäten, den Galenus und den Avicenna, dem Feuer. Zugleich provoziert er seine Kollegen mit der These, weit mehr als auf den Universitäten könne ein Arzt lernen, wenn er sich die Kräuterweiber, Feldscherer und Alchemisten und deren erfahrungsheilkundliche Praktiken zum Vorbild nehme. Der historische Faust hat sich sehr wahrscheinlich an den Theorien und Forderungen des Paracelsus orientiert, durch seine alchemistische Tätigkeit darauf schon vorbereitet; vielleicht besitzt er auch Kenntnisse der »magisch« wirkenden Kräuter und Wurzeln. In jedem Fall werden seine heilkundlichen Rezepturen dem verwandt gewesen sein, was heute unter dem Stichwort der Erfahrungsmedizin allmählich zur Geltung kommt und häufig genug gegen den Widerstand der Schulmediziner (...).

Wir wissen nicht, wie Faust ausgesehen hat; wir wissen nicht, ob er in einer intakten Familie aufwächst, ob er Geschwister hat, ob er die in Knittlingen bestehende Lateinschule besucht; wir wissen nicht, ob er sich verheiratet, ob er Familienvater wird; wir wissen nicht, wann, wo, bei welchen Lehrmeistern er sein Wissen erwirbt, dass er nie eine Universität besucht und dort die Titel eines Magisters oder eines Doktors erworben hat, dies steht fest; promoviert wird er von Volkes Gnaden; wir wissen nicht, wo sich Faust während der langen Jahre aufhält, aus denen auch nicht das kleinste Zeugnis über ihn berichtet, aber wir wissen, dass er weder von der Inquisition verfolgt noch in kommunale Gefängnisse eingesperrt worden ist, deren Akten nämlich haben sich mit bewunderungswürdiger Vollständigkeit erhalten; wir wissen nicht, ob Faust jemals einem bürgerlich zu nennenden Handwerk nachgegangen ist, aber das oft mit den düstersten Farben gemalte Bild trifft nicht zu, als sei er ruhelos und ständig auf der Flucht vor den Häschern der kirchlichen oder staatlichen Gewalt über die Landstraßen gehetzt; wir wissen nicht, ob Faust irgendwo Freunde hat, doch wir können ihn uns am ehesten als Einzelgänger vorstellen; wir haben allenfalls im Würzburger Domherren Daniel Stibar, dem Camerarius 1536 über Faust schreibt, einen Menschen im Blick, der ihm wohl gesonnen erscheinen könnte, sonst aber sind die Autoren der Faust-Zeugnisse in aller Regel erklärte Gegner, Skeptiker, Feinde oder aber nicht lange fackelnde Ordnungshüter; wir wissen nicht, ob der als Katholik Geborene später zum evangelischen Bekenntnis übertritt; wir wissen nicht, ob er sich im Bauernkrieg mental oder handfest auf die Seite der Unterdrückten stellt, was für einen sehr wahrscheinlich dem bäuerlichen Milieu entstammenden Mann aus Knittlingen nahe gelegen hätte; wir wissen nicht, wie er sich zu den Entdeckungsreisen und den Eroberungszügen der Spanier und Portugiesen stellt, dass er Philipp von Hutten und der Welser-Expedition nach Venezuela Übles voraussagt, spricht eher für seine Skepsis gegenüber der christlich propagierten Jagd nach Gold, Bodenschätzen und Gewürzen; wir wissen nicht, wie weit er von den Ideen des Humanismus und den künstlerischen Maßstäben der Renaissance beeindruckt oder gar fasziniert ist, fest steht nur, dass er mit den neuen Tönen auf der Klaviatur der intellektuellen Avantgarde zu spielen weiß; wir wissen nicht, ob Faust Aufzeichnungen macht und hinterlässt, ob er gar Bücher verfasst, von denen die Zimmernsche Chronik um 1565 wissen will. Wir wissen von all dem nichts; und deshalb ist es nicht möglich, über den historischen Faust eine Biografie zu schreiben oder ihn auch nur mit einiger Porträtähnlichkeit zu zeichnen (...).

Faust, der Magier, der Mantiker, der Astrologe, der Heilkundige, der Wahrsager, wir haben ihn uns durchaus mit demagogischer Aura vorzustellen, einer Aura, die sich mit der anderen Aura seiner dunklen und dubiosen Künste verschränkt. Demagogisch nicht nur in der aktuellen Wirkung und in der betonten Zwielichtigkeit einer nirgendwo einzuordnenden Existenz; demagogisch auch in der Ausstrahlung über den jeweiligen Auftrittsort hinaus. Faust – über ihn wird wohl schon zu Lebzeiten breitflächig und in immer mehr sich steigernden Superlativen erzählt; da genügten ein paar Händler, die ihn irgendwo gesehen haben und die das Gesehene oder auch die unterschiedlichsten Erinnerungen daran in die nächsten Dörfer und Städte mitbringen, weitererzählen, aufblähen. In einer Zeit ohne jedes Medium der Nachrichtenübermittlung klappt der Ereignis-Transfer gleichwohl schnell; und die Leute im Nachbarort sind gierig auf das Neueste aus Gelnhausen oder Ingolstadt. Da mag Faust in Gelnhausen noch ein paar Geistliche durch seine gotteslästerlichen Reden erzürnt und verscheucht haben; in Hanau hat er sie dann bereits weggezaubert – ein Teufelskerl.

Ob dieser Teufelskerl Faust schon zu seinen Lebzeiten mit dem Gottseibeiuns in Verbindung gebracht wird, ist im Nachhinein schwer zu klären. Der Teufel ist in jener Epoche allgegenwärtig, als monströse Vogelscheuche oder als eleganter Junker. Der Teufel hockt immer schon daneben, wenn etwas Unerklärliches geschieht. Und Fausts Profession ist nun einmal das Geschäft mit dem Unerklärlichen. Verwunderlich wäre es also nicht gewesen, wenn ihn die Leute schon bald als Vasallen Satans ausgemacht hätten, gar als einen, der wie die zahllosen »Hexen« mit dem Bösen im Bunde gestanden hätte. Faust hat möglicherweise mit diesem Odium der Höllenverfallenheit gespielt: Dieses spezifische Rüchlein konnte für sein Gewerbe durchaus verkaufsfördernd sein. Mit großer Sicherheit hat er aber alle laut werdenden Teufels-Attribute seiner Bewunderer allenfalls zwinkernd bestätigt, eine öffentlich registrierbare Werbung mit einer Höllengenossenschaft hätte ihm sofort die Büttel der Geistlichkeit und bald auch die Inquisition auf den Hals gebracht.

Man mag also zu Fausts Lebzeiten immer wieder leiser oder lauter gemunkelt, gemutmaßt oder auch schon behauptet haben, bei dem vielseitigen Wunder-Doktor gehe es nicht mit rechten Dingen zu; die einen wollen, obwohl gar kein Experiment anstand, Schwefel gerochen haben, die anderen schwören Stein auf Bein, mit Fausts einem Fuß sei etwas nicht in Ordnung – der Weg von der Mücke zum Elefanten ist auch im 16. Jahrhundert kurz.

So konstant die Gerüchte über Fausts Teufelsbruderschaft sich auch jahrzehntelang halten und ihm bei jedem Auftreten Neugierige in großer Zahl zutreiben, Konkretheit erhalten und Bestätigung erfahren sie erst durch Fausts Tod in Staufen und im Breisgau, wohl 1540. Faust ist von den Freiherren von Staufen in die kleine Stadt geholt worden, weil der berühmte Alchemist der Finanzmisere der Adeligen aufhelfen soll. Bis 1535 haben sie im Münstertal eine Silbermine ausbeuten können; nun stecken sie bis über den Hals in Schulden – angesichts mehrerer begonnener Großbauten kein erfreulicher Zustand. Faust wird in Staufen als Retter begrüßt; und vermutlich wäre es den streng katholischen Herren sehr gleichgültig gewesen, wenn dem alten Faust ein immer mehr verdichteter Ruf als Jünger Luzifers vorausgegangen wäre.

Faust baut sein kompliziertes alchemistisches Gerät auf, ob nun im Gasthaus zum »Löwen« oder anderswo. Ob er sich große Eile auferlegt oder ob nur die Auftraggeber drängen und antreiben, lässt sich nicht mehr rekonstruieren, für Faust

ist das Engagement in Staufen ehrenvoll und zugleich eine treffliche Möglichkeit zum Überwintern. Das Destillieren, Purefizieren, Coagulieren und die Dutzende weiterer Zeit raubender und genau zu dosierender Abläufe kosten Wochen. Und Kraft kostet gewiss das Übermaß an Selbstvertrauen, nach den Fehlversuchen vieler Tausender tatsächlich Gold herstellen zu können. Ob Faust selbst daran geglaubt hat, dass ihm das Opus magnum gelingen könne?
Wie lange er werkelt, schürt, gießt, mischt, verdampft, Essenzen zuführt, sich über hoffnungsvolle Zwischenresultate freut – darüber ist nichts bekannt. Bekannt ist nur eines: dass es eines Tags oder, was sehr viel wildromantischer auszumalen wäre, eines Nachts einen großen Knall gibt, eine Explosion, die Fenster bersten und Chemikaliendünste entweichen lässt. Vielleicht hat der Experimentator mit einem gänzlich unorthodoxen Verfahren die Goldgewinnung beschleunigen wollen, vielleicht hat er einen in seiner Reaktionsweise bisher unbekannten Stoff eingeführt, vielleicht ist ein katastrophales Versehen unterlaufen – in Zeiten höchst unentwickelter chemischer Kenntnisse kommt es allzuschnell zu einem Unglück (...).
Man findet Fausts Leichnam in gräßlich deformiertem Zustand. Die Leute, die Fausts zerfetzten Körper sehen, haben für dessen Zustand und auch für die Verwüstung des mit Glassplittern und Reagenzien gleichsam tapezierten Raums keine naturwissenschaftliche Erklärung zur Hand. Über eine Erklärung des ganzen chaotischen Faust-Zimmers brauchen sie nicht lange nachzusinnen: Ihnen steht die Universalerklärung des Zeitalters zu Gebote, die immer dann zu Ehren kommt, wenn es sich um Gewaltsames, Unerklärliches, Katastrophales handelt: Das ist das Werk des Teufels.
Den Doktor Faust hat der Teufel zerrissen; er hat am Schluss der beiderseitigen Bündnis-Zeit die Seele in die Hölle geholt und den Körper verunstaltet; er hat das Ende seiner demütigenden Dienstzeit mit einem schrillen Akkord demonstriert, wie die Hölle im Auftrag des Himmels den Hochmut des Menschen strafe. Es gibt niemanden in Staufen oder anderswo, der in Fausts Tod nicht ein infernalisches Gottesgericht gesehen hätte. Vor seiner Leiche wird endgültig zur Gewissheit, was man in den Jahrzehnten vorher geraunt hat: Dieser provokante Tausendsassa, der vor aller Welt sein genialisches Außenseitertum zelebriert hat, ist ein Paktierer gewesen; all seine Künste sind teuflische Künste, vom Teufel soufflierte und handlangerisch unterstützte Künste gewesen. Durch Fausts nun wirklich spektakulären Abgang von seiner sechzigjährigen Lebensbühne wird retrospektiv erklärbar, weshalb er um so viel erfolgreicher als seine Konkurrenten die Obskur-Disziplinen beherrscht, weshalb der Nichtstudierte mit solcher Leichtigkeit die Gelehrten übertölpelt und aussticht, weshalb er mit rattenfängerischem Charme die Leute an seinen Stand zieht. Das alles ist Teufelswerk gewesen; Faust ist nur Sprachrohr, nur ausführendes Organ; in Wirklichkeit hat der Teufel Regie geführt, Wissen eingebracht, Wunder vorgegaukelt.
(...) Faust, das ist das äußerste Extrem menschlicher Vermessenheit und Verworfenheit, ein monströses Anti-Exempel, ein für Kanzeln und Katheder unüberbietbarer Warn-Fall. In Staufen, in der Sonntagspredigt des Pfarrers Apolinarius Rost, wird sehr schnell begonnen haben, was die literarische Faust-Tradition bis in unsere Tage transportiert: die Verwertung Fausts, seine Einführung in fromme und didaktische Kontexte, das fabula docet aus einer verfehlten Existenz.Und ein Zweites beginnt in Staufen, ohne das die literarische Faust-Tradition gar nicht erst zustande gekommen wäre: die Transmutation eines Namens Faust zur Plattform für Geschichten unterschiedlichsten Alters und heterogenster Herkunft (...).

Einem in allen Lebensabschnitten kontinuierlich mit Posten, Reisen, Taten nachweisbaren Mann hätte die Legende schwerlich andere Schauplätze, Professionen, Streiche, Attribute, Meinungen oder Aktivitäten andichten können. Faust aber ist der seltene Fall, dass einer berühmt ist und unbekannt zugleich. Faust, das ist 1540 ein Name, der mit hundert ungefähren oder auch überpräzisen Annotationen umläuft und der durch seinen Tod, wenn auch im negativen Sinne, so doch ganz eindeutig konsekriert erscheint. Der Name Faust: Er bezeichnete einen stupenden Alleskönner, dem - wie man nun weiß - der Satan die Hand geführt hat.
Sehr rasch wird aus diesem Namen Faust ein Typus, derjenige nämlich des Teufelsbündlers. Faust erhält in der Legende eine ganz und gar neue Biografie, die mit der kaum eruierbaren Biografie des historischen Johann Georg Faust nichts mehr zu tun hat. Der neue Faust, den die Pastoren und die Gelehrten zusammenbasteln, ist eine synthetische Figur. In ihr haben die Wunder des Albertus Magnus ebenso Platz wie der teuflische Hund des Agrippa von Nettesheim, der Flugversuch des Simon Magus, wie lange schon umlaufende Geschichten von Gespenster-Rache, gegen Bauern oder Juden gerichtete Derbheiten aus dem späten Mittelalter wie zeitlose Renommistereien mit Kehle, Magen oder Geschlechtstrieb. Faust, 1540 nur ein Name, wird mit fremden Federn bestückt und aus einem Fundus ausstaffiert, in dem die unwahrscheinlichsten Geschichten und die aberwitzigsten Tollheiten nur darauf gewartet haben, endlich an einer Figur festzumachen, der man diese Abenteuer und Wunder und Unglaublichkeiten zutrauen kann (...).
Nehmen wir an, der historische Faust habe zu den wahren Alchemisten gezählt, er habe also jahrelang immer wieder an einem nicht näher bekannten Ort in Laboratorium und Oratorium gearbeitet. Wenn seine Geldreserven verbraucht sind, sei er auf die Märkte gegangen und habe rhetorische und technische Pfauenräder geschlagen, um möglichst schnell möglichst viel Geld zusammenbringen zu können. Wenn er für die nächste Zeit genügend beieinander gehabt habe, sei er wieder in die Abgeschiedenheit zurückgekehrt.
Es fällt zunächst schwer, sich mit dieser Hypothese anzufreunden. Aber abgesehen von ihrem Erklärungswert für Fausts zahlreiche »weiße« Jahre und von ihrer frappierenden Parallelität zur Studierzimmer-Szene in Goethes »Faust« können weitere Aspekte plausibel eingeordnet werden: Der Widerspruch zwischen einem meditativen wahren Alchemisten und einem selbstanpreiserischen Sensationenverkäufer löst sich nicht allein der ökonomischen Notwendigkeiten wegen auf; der Faust der Jahrmärkte spielt vielmehr mit einem Wissen, das er nie ganz preisgibt und das selbst noch in grober Verdünnung Aufmerksamkeit genug erregt; ihn an einem Standescodex zu messen, der etwa die Humanisten nur unter sich verkehren lässt und der sie an bestimmte Formen im öffentlichen Auftreten bindet, wäre verkehrt; er ist Selfmademan, der seine Maßstäbe selbst setzt und der nur sich allein verantwortlich ist.
Die konzentrierte Studier-Anstrengung im Oratorium könnte es auch leicht verständlich machen, weshalb Johann Georg Faust mit einer ganzen Skala von Professionen zu verblüffen weiß: Die wahren Alchemisten beschäftigen sich mit der breitesten Palette der Arkandisziplinen; ihnen scheinen die Geheimlehren am ehesten den Zugang zu den höchsten Stufen geistiger Verfeinerung zu bieten. Mantische, magische oder astrologische Fähigkeiten sind unerlässliche Stufen auf einer Bildungstreppe, die erst jenseits der universitären Schuldisziplinen beginnt. Faust schöpft hier aus dem Vollen; was er den Leuten zeigt, braucht gar

nicht erst in die Zone des Geheimnisverrats zu kommen. Faust muss ganz offenbar über ein durchtrainiertes Hirn und über eine geübte Sprache verfügt haben. Trithemius hätte sich gewiss die Mühe seines langen Briefes an Virdung erspart, wäre Faust das kleine und miese Bürschchen gewesen, als welches darzustellen er alle geistlichen Register zieht. Vielmehr wittert er in Faust den Konkurrenten, jedenfalls jemanden, der ihm die Show zu stehlen droht. Stellen wir uns Faust als wahren Alchemisten vor, so wird seine intellektuelle Kraft leicht verständlich. Die Hypothese vom wahren Alchemisten Faust hat den Nachteil, mangels geeigneter Dokumente nicht beweisbar zu sein; sie hat aber den Vorteil, auch nicht widerlegbar zu sein. (Günther Mahal: *Der historische Faust - eine deutsche Figur zwischen Einst und Jetzt*. Hrsg. von der Landeszentrale für politische Bildung in Baden-Württemberg. Heft 13. Stuttgart 1988, S. 33-38.)

Mat. 4 Der geistige und soziale Umbruch im 16. Jahrhundert

Gebiet/ Name	erzielter Fortschritt/Veränderungen	moderne Methode
Geografie Kolumbus Vasco da Gama Maghellan	Entdeckung Amerikas (1492), Umseglung Afrikas (1498), Weltumseglung (1519)	Forschungsexpeditionen, Kolumbus wagt eine Westfahrt nach Indien im Vertrauen auf die Kugelgestalt der Erde
Astronomie Kopernikus	heliozentrisches Weltbild Erde dreht sich um die Sonne	Zweifel – Hypothese – Beobachtung Beweis der Hypothese (neues Gesetz)
Technik Leonardo da Vinci Gutenberg	technische Apparate und Erfindungen (Flugmaschinen) Entdeckung des Buchdrucks (Mechanik verstärkt Menschenkräfte)	genaue Beobachtung der Natur, Entdeckung von Gesetzen, Anwendung der Gesetze
Medizin Vesalius Servet	genaue Kenntnis des menschlichen Körperbaus (Anatomie) Entdeckung des Blutkreislaufs	Sezieren von Leichen, genaue Beobachtung
Malerei/Skulptur Michelangelo Raffael Dürer Leonardo da Vinci	genaue, wirklichkeitsgetreue Darstellung von Gegenständen, Menschen, Gefühlen: Entdeckung der Perspektive	scharfe Beobachtungund neue Methoden der Wiedergabe (Maltechnik)
Literatur Humanisten: Erasmus v. Rotterdam, Reuchlin, Hutten	genaue Kenntnis der griechischen, lateinischen und hebräischen Sprache und Literatur Grammatik der alten Sprachen	»Ad Fontes«. »Philologische« Methode der Entdeckung von echten Urtexten, um Wahrheit zu erfahren
Baukunst	ein neuer Baustil (Renaissance) löst die mittelalterliche Gotik ab	Studium der antiken Bauwerke: Rundbogen ersetzt Spitzbogen
Wirtschaft/Handel Medici/Fugger	Entstehen einer neuen Produktionsform (...) in der Textilindustrie Entstehung eines Bankwesens	Arbeitsteilung. Entstehung des bargeldlosen Zahlungsverkehrs, von Schecks, Konten, Überweisungen
Kirche/Theologie Luther Calvin Zwingli	Papsttum verweltlicht (Finanzpolitik). Einheit der röm. Papstkirche zerbricht. Entstehung der heutigen christlichen Konfessionen (Landeskirchen)	Kritik an Missbräuchen der Kirche: Suche nach einem neuen Verhältnis zu Gott
Gesellschaft Bauern	Bauern wollen adelige Grundherrschaft und Leibeigenschaft abschaffen (Feudalismus)	Kampf um persönliche Freiheit und Gleichheit bzw. wirtschaftliche Unabhängigkeit

(Heinz Dieter Schmid (Hrsg.): *Fragen an die Geschichte. Geschichtliches Arbeitsbuch für die Sekundarstufe I. Lehrerbegleitband zu Band 2.* Frankfurt/M. 1977, S. 206.)

Mat. 5 Faust als Typus

Der historische Faust gleicht als Typus wohl den Renaissance-Humanisten wie Ulrich von Hutten (1488–1523) oder Conrad Celtis (1459–1508) als auch Magiern wie Agrippa von Nettenheim (1486–1535) und Paracelsus (1493–1541).

Agrippa von Nettesheim, eigentl.: Heinrich Cornelius, * 14. 9. 1486 Köln, † 1535 Grenoble. - Gelehrter u. Philosoph.
Über A.s Familie ist wenig bekannt; der selbst zugelegte Adelstitel diente sozialer Erhöhung. Am 22. 7. 1499 nahm A. das Studium der Artes in Köln auf u. verließ die Universität am 14. 3. 1502 als Magister artium. Außer Paris sind weitere Aufenthaltsorte bis 1507 unbekannt. 1509 las A. an der Universität Dôle über Reuchlins *De verbo mirifico*, wurde aber vom Klerus vertrieben. 1510 hörte er in London bei John Colet u. trat mit Johannes Trithemius in Verbindung; 1511 zog er in militär. Auftrag nach Italien. Wegen seiner Verdienste wurde A. 1512 zum »Eques auratus« geschlagen u. besuchte die Universität Pavia, wo er vermutlich den medizin. Doktorgrad erlangte. Nach Reisen in Italien kehrte er nach Pavia zurück, um über hermet. Themen zu lesen.
1518 trat er die Stelle eines Syndikus der Freien Reichsstadt Metz an. Dort verteidigte er eine der Hexerei beschuldigte Frau gegen die Inquisition. Als deshalb gegenüber A. selbst Vorwürfe laut wurden, verließ er die Stadt u. ging 1520 erneut nach Köln. Seit 1522 wirkte A. als Stadtarzt in Genf, seit 1523 in Freiburg/Schweiz, wo Lorenz Fries für seine Tätigkeit Zeugnis ablegte.
Ein höfisches Amt erlangte A. schließlich 1524 als Arzt der Louise von Savoyen, der Mutter des frz. Königs. Mitte 1526 verschlechterte sich A.s Lage am Hof durch seine Weigerung, ein Horoskop für Franz I. zu erstellen. Um einer Verhaftung zu entgehen, floh er im folgenden Jahr über Paris nach Antwerpen, wo er seit 1528 wiederum als Arzt wirkte. Wohl wegen seiner Verdienste als Seuchenarzt erhielt A. 1530 eine Anstellung als Hofhistoriograph in Mecheln, die er nach Kritik an seinem Werk *De incertitudine et vanitate scientiarum atque artium* seitens der Löwener theolog. Fakultät 1531 aufgab, um nach Köln, dann nach Bonn an den Hof des Erzbischofs Hermann von Wied zu gehen. Hier wechselte er Briefe mit Erasmus, Melanchthon u. anderen Humanisten, wie er auch Verbindung zu Johann Dryander u. Johann Weier aufnahm. Nach Reisen in Deutschland begab sich A. 1535 nach Frankreich, wo er in Lyon verhaftet wurde.
Im gleichen Jahr starb A. in Grenoble u. wurde dort in der Dominikanerkirche beigesetzt (...).
A. betonte, daß der Mensch vermittels der »occulta philosophia«, die der »magia« gleichzusetzen ist, den Kosmos zu erkennen u. zu beherrschen vermag. Der »magus« bedient sich auch der Dämonen, mit deren Hilfe der Mensch die Ideen des Archetypus manipulieren kann. In *De occulta philosophia*, späterhin oftmals als ein »Kompendium der Magie« bezeichnet, verarbeitete A. Neuplatonismus u. Hermetismus ebenso wie Astrologie, Zahlenmystik u. Kabbala. In seiner *De incertitudine et vanitate scientiarum atque artium, Declamatio invectiva* (begonnen 1526, erschienen 1530 bei Johannes Graphaeus in Antwerpen) widmet sich A. den Künsten u. Wissenschaften seiner Zeit. Stilistisch glänzend zeigt er die Widersprüchlichkeit der Lehren u. die Streitigkeiten ihrer Lehrmeister. Kein anderes Werk A.s ist von den Zeitgenossen wie der Nachwelt so kontrovers beurteilt worden. Erasmus von Rotterdam erblickte in ihm einen Angriff auf die

Kirche, während A. es in einer gegen die Löwener Theologen gerichteten Apologia als »Paradoxon« bezeichnet. Spätere Biographen A.s sahen in *De incertitudine* einen Höhepunkt seiner Invektiven oder eine »summa« persönlicher Lebenserfahrung u. wiesen auf die skeptische, wenn nicht gar agnostische Grundhaltung A.s hin. Als literar. Vorbild wurde einerseits das Fastnachtsspiel angesehen (Nowotny 1967), andererseits zählte man *De incertitudine* zum Genus der »Declamatio invectiva« (Zambelli 1969) (...).

Während *De occulta philosophia* vornehmlich in esoter. Kreisen des 17. u. 18. Jh. rezipiert wurde, fand *De incertitudine* Aufnahme in die Schriften der Frühaufklärer u. Libertins. A.s unbestechl. Haltung in dem Metzer Hexenprozess wurde im gelehrten Hexenschrifttum diskutiert; die sich um seine Person rankenden Legenden (Erzmagier mit schwarzem Hund) verwoben sich ebenso mit dem Faust-Stoff wie sie in die Literatur der Romantik eingingen.

(Wolf-Dieter Müller-Jahncke: *Agrippa von Nettesheim.* In: Digitale Bibliothek. Band 9: Killy Literaturlexikon. Berlin 1998, S. 285–288.)

Paracelsus, (erst seit etwa 1530 auftauchender humanistischer Gelehrtenname), eigentl.: Theophrastus Bombast von Hohenheim, auch: [H]eremita, später verwendete Vornamen ungewissen Ursprungs: Aureolus, Philippus, * 1493 (1494?) Maria Einsiedeln/ Schweiz, † Sept. (24. 9.?) 1541 Salzburg; Grabstätte: ebd., Sebastiansfriedhof. – Arzt, Naturforscher, Philosoph, Theologe.

P.' zugewanderter Vater Wilhelm, aus altem schwäb. Adel stammend, praktizierte in Einsiedeln als Arzt u. zog wohl um 1500 nach Kärnten, wo er sich in Villach als Stadtarzt niederließ. P. erhielt seine Bildung zumindet z. T. in kirchl. Einrichtungen (Kloster St. Paul/Lavant, Seckau, Schottenkloster Würzburg?) u. durch geistl. Würdenträger (Trithemius?). Während seines v. a. in Italien absolvierten Universitätsstudiums hörte er neben der Medizin wohl auch Jurisprudenz u. Theologie. P.' Weg führte nach dem Studienabschluss (vermutlich Dr. med. in Ferrara) über Tätigkeiten als Wander- u. Feldarzt, Niederlassungsversuche in Salzburg (1524/25), Straßburg u. Basel (1526/27), eine kurz währende, von reformgesinnten Kreisen ermöglichte Professur in Basel, über das Elsass, Nürnberg (1529) u. St. Gallen (1531), Graubünden u. die Alpentäler nach Südtirol (Sterzing 1534), Süddeutschland (Ulm, Augsburg) u. Mähren, schließlich nach Kärnten (Villach 1538) u. Salzburg (1540). Er war einer der gelehrten Wanderer des 16. Jh. Seine Stationen u. die Dauer seiner Aufenthalte sind oft nur ungefähr bekannt. Kenntnis von seiner Biografie haben wir u. a. durch die autobiograf. Marginalien, die sein Werk durchziehen u. bes. in seinen *Defensiones septem* enthalten sind.

Die Charakterisierung P.' als Reformator der Heilkunde oder Begründer der modernen Medizin deckt sein wissenschaftl. Wollen, v. a. seine literar. Betätigung, nicht ab. Er gehört unter die spätmittelalterl. u. frühneuzeitl. Universalwissenschaftler u. war ein schöpferischer, auch sprachschöpferischer Literat von hohen Graden. Auch seine medizinisch-naturkundl. Schriften sind fast durchgängig verwoben mit Reflexionen über Gott, Welt, Mensch u. die Aufgaben der menschl. Gesellschaft. P. entwickelte ein, freilich unvollendet gebliebenes, System der Wissenschaften, in dessen Zentrum der Mensch als Gegenstand der Heilkunde wie allg. Betrachtung steht. Im Menschen sieht er die Mitte des außergöttl. Seins u. den Anlass des Fragens an die Welt.

P. steht in der Tradition der antiken u. mittelalterl., der arab. u. jüd. Medizin, wenn er auch neue Fragen aufwirft u. eigene, »bessere« Lösungen anzubieten

versucht als die fortlaufend gescholtenen ärztl. Zeitgenossen. Das Bedürfnis nach kultur- u. wissenschaftsgeschichtl. Einordnung wies ihn dem Mittelalter, der Renaissance, dem Humanismus oder der Neuzeit zu. Darin spiegelt sich nur die Vielfalt seines im Schnittpunkt geschichtl. Epochen stehenden Wirkens. Sicher war er für seine Zeit mit einem auch damals geläufigen Ausdruck »modern«. Inanspruchnahmen durch »Esoterik« oder Okkultismus treffen für sein wissenschaftl. Selbstverständnis nicht zu. Seine bleibende Leistung in die bloße Aufstellung u. Festigung einer neuen ärztl. Ethik zu verlegen, erklärt nicht seine Erfolge unter den Zeitgenossen, die an ihn anknüpfende Bildung medizinischer Schulen u. die Wiederaufnahme seiner Ideen bis heute. Sicher zusprechen lassen sich P. die Einführung oder Entfaltung wichtiger neuer method. Ansätze in der Medizin u. vor allem das Prinzip einer auf Erfahrung gegründeten Wissenschaft. (...) Im Buch *Paragranum* (1529/30), einer Art Ausbildungsprogramm für Mediziner, fasst P. seine früh gewonnenen Erkenntnisse zusammen u. spricht von den vier »Säulen« der Medizin: »Alchemie«, (Natur) »Philosophie«, »Astronomie« (der Mensch in seiner Leiblichkeit als Abbild des astralen Kosmos) u. »Redlichkeit« (ärztl. Ethos) (...).

Wichtig wurde die Einbeziehung der Alchemie, des Chemischen, Mineralogischen, Metallurgischen u. Geologischen, die P. wohl schon aus der Umwelt seiner Jugend im Industriegebiet des Drautals nahe liegen mochte. Die Alchemie war eine Materietheorie u. Metalltransmutationslehre, mehr aber noch eine spekulative chemisch-physikal. Metaphysik. Der Platz, den P. chem. Substanzen im körperl. Geschehen zusprach, führte zu einer Einschränkung der Theorie von den vier »Kardinalsäften« (»humores«) u. damit der klass. Temperamentenlehre. Auf die pharmakolog. Betrachtungsweise P.', v. a. die weitgehende Heranziehung chem. Heilmittel, stützte sich später die bedeutende Schule der »Iatrochemiker« (...).

Den Versuch einer Gesamtschau wissenschaftl. Aufgaben am Menschen als Zentrum des Kosmos bietet die fragmentar. *Astronomia Magna* oder *Philosophia Sagax*. Aus dem Wissen um kosm. Zusammenhänge u. geheime geistige »Influentien« deutet P. die Astrologie u. andere okkult-magische Künste um. Wichtig ist die »Komposition« des Menschen aus Bestandteilen, die ihren Ursprung teils in der Welt der Gestirne, teils in der Himmelswelt Gottes, teils im Stoff haben. (...)

(Kurt Goldammer: *Paracelsus*. In: Digitale Bibliothek. Band 9: Killy Literaturlexikon. Berlin 1998, S. 15618–15625.)

MAT. 6 DIE BESTANDTEILE DER *FAUST*-SAGE AUS DEM NEURUPPINER BILDERBOGEN (MITTE DER 40ER JAHRE DES 19 JH.)

(Franz Neubert: *Vom Doctor Faustus zu Goethes Faust.* Leipzig 1932, S. 80.)

Mat. 7 Übersicht über die epische Gestaltung des *Faust*-Stoffes

Um 1570 Der Nürnberger Schulmeister Rosshirt notiert *Faust*-Sagen auf die freien Blätter von Luthers Tischreden.

1587 Von Wittenberg aus gelangen *Faust*-Sagen in lateinischer und deutscher Sprache in den Westen. Sie werden im *Faust*-Buch des Johann Spieß (*Historia von D. Johann Fausten*) gesammelt. Faust lässt sich aus Erkenntnisdrang zu widergöttlichem Tun verleiten. Es tauchen auf: Faust als Astrolog und Teufelsbeschwörer, Teufelspakt, Welt- und Himmelsreise, Beschwörung Alexanders des Großen und Helenas, gewaltsamer Tod.

1589 Erweiterung des Buches durch neue Erzählungen aus Erfurt (hinzu kommen der Leipziger Fassritt und der Weinzauber).

1599 Georg Widmans *Die wahrhaftigen Historien von den greulichen und abscheulichen Sünden und Lastern ...* verlagert die Faustfigur aus der Zeit Karls V. in die von Kaiser Maximilian. Lutherische Lehre tritt an die Stelle von Fausts Liebschaften und der naturwissenschaftlichen Diskussionen der 87er Ausgabe.

1674 Nikolaus Pfitzer bearbeitet die Widman'sche Ausgabe, er kürzt zahlreiche Längen und fügt die Liebesgeschichte wieder ein. Außerdem ist sein Hinweis auf das alttestamentliche Buch *Hiob* wichtig, das die Wette zwischen Gott und Mephisto vorgebildet hat.

1725 Ein „Christliche Meynender", der seinen Namen absichtlich verschweigt, kürzt das Buch nochmals und lässt theologische, philosophische und naturwissenschaftliche Erörterungen beiseite. Den Wahrheitsgehalt der *Faust*-Sagen beurteilt er kritisch. In dieser Form verbreitet sich das *Faust*-Buch in der Zeit der Aufklärung.

1791 Friedrich Maximilian Klingers *Fausts Leben, Taten und Höllenfahrt*: Faust als Erfinder der Buchdruckerkunst; Faust fordert im Teufelsbund übermenschliche Macht, die er gegen die Ungerechtigkeit der Welt einsetzen will. Er scheitert und fordert vom Teufel die Beendigung seines Daseins.

MAT. 8 ÜBERSICHT ÜBER DIE DRAMATISCHE GESTALTUNG DES *FAUST*-STOFFES

vor 1589 Christopher Marlowes *The tragical history of Doctor Faustus* enthält wesentliche Bestandteile der Goethe'schen Bearbeitung: Fausts Enttäuschung über die Universitätswissenschaften und seine Hinwendung zur Magie; Pakt mit dem Teufel; Welt- und Himmelsreise; Beschwörung der Antike. Hervorzuheben ist der didaktische Impetus des Epilogs, der die Vernünftigen davor warnt, Unerlaubtes zu begehren. Angereichert mit das Volk belustigenden Bestandteilen gelangt das Drama auf den Kontinent; Goethe hat es 1768 in Frankfurt und 1770 in Straßburg in dieser Form kennen lernen können. Als Puppenspiel hat er es schon als Kind im Elternhaus gesehen.

1758 ff. Im Faustfragment Gotthold Ephraim Lessings ist Faust ein von einem edlen Drang beseelter Wahrheitssucher, der von Gott gegen den Teufel beschützt wird. Gott schiebt dem Teufel ein Phantom unter, die Verführung wird für Faust zu einem ihn läuternden Traum. Erstmals taucht der Gedanke der Rettung Fausts auf.

1775 Paul Weidmanns *Johann Faust, ein allegorisches Drama in fünf Aufzügen* hat sich neben Goethes *Faust* entwickelt und lässt die Hauptfigur zwischen guten und bösen Geistern erscheinen. Am Ende steht die Begnadigung der im Drama vorgeführten Sünder.

1778 Friedrich Müller *Doktor Fausts Leben und Tod dramatisiert* bleibt unvollendet, gestaltet die Faust-Figur im Sinne des Sturm und Drang, indem sich Faust nach zwölfjähriger Gemeinschaft mit dem Teufel für weitere zwölf Jahre entscheidet und erneut ewige Verdammnis wählt. Müller hat auch erwogen, Faust durch ein Phantom zu ersetzen und damit die Rettung zu ermöglichen.

MAT. 9 *FAUST-SYNOPSE*

Szene	*Urfaust* (U. 1775)	*Fragment* (Fr. 1790)	*Faust I* (F I 1808)
Zueignung	–	–	1–32
Vorspiel auf dem Theater	–	–	33–242
Prolog im Himmel	–	–	243–353
	Der Tragödie erster Teil		
Nacht	354–597	wie U.	wie Fr., dazu: 598–601,
	602–605	wie U.	606–807
Vor dem Tor	–	–	808–1177
Studierzimmer I	–	–	1178–1529
Studierzimmer II			
a) Vertrag	–	1770–1850	1530–1850
b) M.s Selbstgespräch	–	1851–1867	wie Fr.
c) M. und Schüler	1868–2050	wie U.	wie U.
d) M. und F.	–	2051–2072	wie Fr.
Auerbachs Keller	Prosa	2073–2336	wie Fr.
Hexenküche	–	2337–2604	wie Fr.
Straße	2605–2677	wie U.	wie U.
Abend. Zimmer	2678–2804	wie U.	wie U.
Spaziergang (U.: Allee)	2805–2864	wie U.	wie U.
Der Nachbarin Haus	2865–3024	wie U.	wie U.
Straße	3025–3072	wie U.	wie U.
Garten	3073–3148	wie U.	wie U.
	–	–	3149–3152
	3153–3204	wie U.	wie U.
Gartenhäuschen	3205–3216	wie U.	wie U.
Wald und Höhle			
1788 (im Fr. nach Brunnen)	–	3217–3373	wie Fr.
Gretchens Stube	3374–3413	wie U.	wie U.
Marthens Garten	3414–3543	wie U.	wie U.
Am Brunnen	3544–3586	wie U.	wie U.
Zwinger	3587–3619	wie U.	wie U.
Nacht (U. nach: Dom)			
a) Valentins Selbstgespräch	3620–3645	–	wie U.–3649
b) F. und M.	3630–3659 3342–3369	–	U. u. 3660–3697
c) Valentins Tod	–	–	3698–3775
Dom	3776–3834	wie U.	wie U.
Walpurgisnacht	–	–	3835–4398
Trüber Tag. Feld	Prosa	–	wie U.
Nacht. Offen Feld	4399–4404	–	wie U.
Kerker	Prosa	–	4405–4612

Der Tragödie zweiter Teil
I. Akt: 1827–30
II. Akt: 1826–30
III. Akt: 1800 (V. 8489–8802). 1825 f.
IV. Akt: 1831
V. Akt: 1797 ff., 1825–31

MAT. 10 ÜBERSICHT: DIE ENTWICKLUNG DES *FAUST*-STOFFES

Der historische Faust

- verkörpert den Typus des Renaissance-Menschen
- Berufsbezeichung: Wahrsager, Magier, Alchemist, Astrologe, Heilpraktiker
- beschäftigt sich mit dem Unerklärlichen

Der Faust der Sage

- verbindet sich mit Typus des Renaissance- und Barock-Menschen sowie des Menschen der Aufklärung
- Berufe sind: Astrologe, Teufelsbeschwörer, Theologe, Arzt
- Teufelsbund zur Erlangung übermenschlicher Macht

Der Faust Goethes

- Typus des wissenschaftlich unbefriedigten Menschen
- hat Philosophie, Theologie, Jura und Medizin studiert.
- Entgrenzungsversuch zur Wissenserweiterung mit Hilfe der Magie (später mit Hilfe Mephistos)

MAT. 11 TAFELBILD ZU „ZUEIGNUNG“

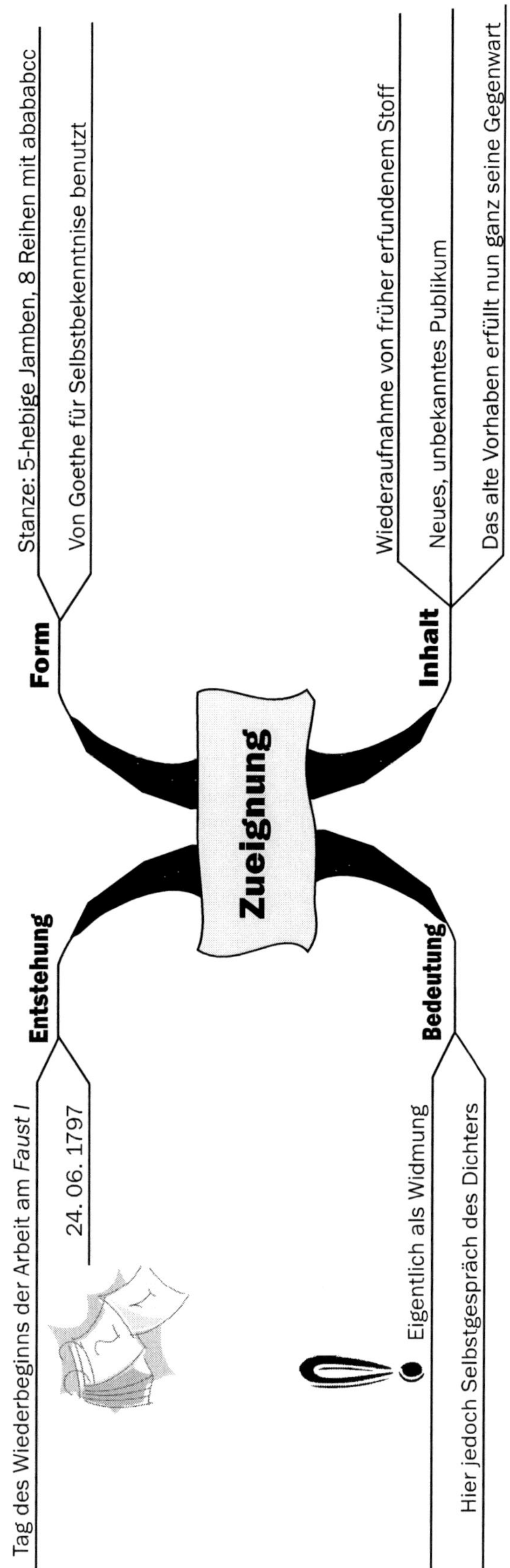

Mat. 12 Tafelbild zu „Vorspiel auf dem Theater“

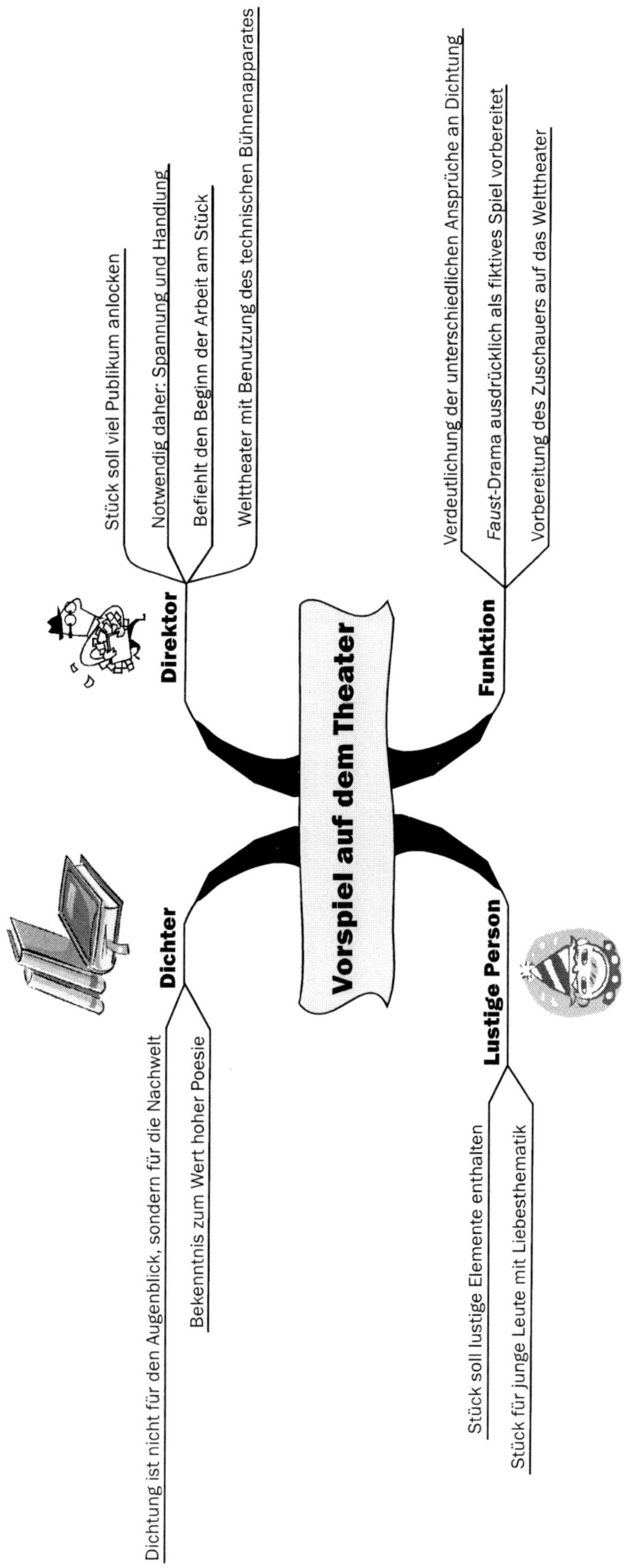

Mat. 13 Tafelbild zu „Prolog im Himmel"

V. 243-270	Gesang der himmlischen Heerscharen: Lob der allumfassenden Schöpfung Gottes		
V. 271-349	Gespräch zwischen Mephisto und dem Herrn		
	Mephisto	**Wette**	*Gott*
	- Mensch strebt, weil er Gott sein will - das Streben ist vergeblich - Mensch als Gegenbeweis gegen die göttliche Harmonie	Lässt sich Faust von Mephisto aus der Harmonie der Schöpfung herauslösen? Mephisto glaubt, dass sich Faust beim Erfüllen seiner Wünsche vom Streben abwenden und dem Gewöhnlichen und Sinnlichen hingeben werde. = **dramatischer Kern** (Gegensätze zur Wette im Buch *Hiob* im AT: Hiob wird ohne Wissen Opfer der Wette, Faust lässt sich freiwillig mit Mephisto ein; Hiob ist fromm, Faust ist nicht fromm.)	- Mensch irrt, solange er strebt - Streben dennoch Voraussetzung für das Finden des richtigen Weges - Mensch als Teil der harmonischen Schöpfung
V. 350–353	Monolog Mephistos Mephisto schlüpft in die Rolle der lustigen Person (er macht sich über Gott lustig).		

Mat. 14 Auszug aus dem alttestamentlichen Buch *Hiob*

1,1 Es war ein Mann im Lande Uz, der hieß Hiob. Der war fromm und rechtschaffen, gottesfürchtig und mied das Böse. 1,2 Und er zeugte sieben Söhne und drei Töchter, 1,3 und er besaß siebentausend Schafe, dreitausend Kamele, fünfhundert Joch Rinder und fünfhundert Eselinnen und sehr viel Gesinde, und er war reicher als alle, die im Osten wohnten. 1,4 Und seine Söhne gingen hin und machten ein Festmahl, ein jeder in seinem Hause an seinem Tag, und sie sandten hin und luden ihre drei Schwestern ein, mit ihnen zu essen und zu trinken. 1,5 Und wenn die Tage des Mahles um waren, sandte Hiob hin und heiligte sie und machte sich früh am Morgen auf und opferte Brandopfer nach ihrer aller Zahl; denn Hiob dachte: Meine Söhne könnten gesündigt und Gott abgesagt haben in ihrem Herzen. So tat Hiob allezeit. 1,6 Es begab sich aber eines Tages, da die Gottessöhne kamen und vor den HERRN traten, kam auch der Satan unter ihnen. 1,7 Der HERR aber sprach zu dem Satan: Wo kommst du her? Der Satan antwortete dem HERRN und sprach: Ich habe die Erde hin und her durchzogen. 1,8 Der HERR sprach zum Satan: Hast du Acht gehabt auf meinen Knecht Hiob? Denn es ist seinesgleichen nicht auf Erden, fromm und rechtschaffen, gottesfürchtig und meidet das Böse. 1,9 Der Satan antwortete dem HERRN und sprach: Meinst du, dass Hiob Gott umsonst fürchtet? 1,10 Hast du doch ihn, sein Haus und alles, was er hat, ringsumher beschützt. Du hast das Werk seiner Hände gesegnet, und sein Besitz hat sich ausgebreitet im Lande. 1,11 Aber strecke deine Hand aus und taste alles an, was er hat: Was gilt's, er wird dir ins Angesicht absagen! 1,12 Der HERR sprach zum Satan: Siehe, alles, was er hat, sei in deiner Hand; nur an ihn selbst lege deine Hand nicht. Da ging der Satan hinaus von dem HERRN. 1,13 An dem Tage aber, da seine Söhne und Töchter aßen und Wein tranken im Hause ihres Bruders, des Erstgeborenen, 1,14 kam ein Bote zu Hiob und sprach: Die Rinder pflügten, und die Eselinnen gingen neben ihnen auf der Weide, 1,15 da fielen die aus Saba ein und nahmen sie weg und erschlugen die Knechte mit der Schärfe des Schwerts, und ich allein bin entronnen, dass ich dir's ansagte. 1,16 Als der noch redete, kam ein anderer und sprach: Feuer Gottes fiel vom Himmel und traf Schafe und Knechte und verzehrte sie, und ich allein bin entronnen, dass ich dir's ansagte. 1,17 Als der noch redete, kam einer und sprach: Die Chaldäer machten drei Abteilungen und fielen über die Kamele her und nahmen sie weg und erschlugen die Knechte mit der Schärfe des Schwerts, und ich allein bin entronnen, dass ich dir's ansagte. 1,18 Als der noch redete, kam einer und sprach: Deine Söhne und Töchter aßen und tranken im Hause ihres Bruders, des Erstgeborenen, 1,19 und siehe, da kam ein großer Wind von der Wüste her und stieß an die vier Ecken des Hauses; da fiel es auf die jungen Leute, dass sie starben, und ich allein bin entronnen, dass ich dir's ansagte. 1,20 Da stand Hiob auf und zerriss sein Kleid und schor sein Haupt und fiel auf die Erde und neigte sich tief 1,21 und sprach: Ich bin nackt von meiner Mutter Leibe gekommen, nackt werde ich wieder dahinfahren. Der HERR hat's gegeben, der HERR hat's genommen; der Name des HERRN sei gelobt! – 1,22 In diesem allen sündigte Hiob nicht und tat nichts Törichtes wider Gott.

2,1 Es begab sich aber eines Tages, da die Gottessöhne kamen und vor den HERRN traten, dass auch der Satan unter ihnen kam und vor den HERRN trat. 2,2 Da sprach der HERR zu dem Satan: Wo kommst du her? Der Satan antwortete dem HERRN und sprach: Ich habe die Erde hin und her durchzogen. 2,3 Der HERR sprach zu dem Satan: Hast du Acht auf meinen Knecht Hiob gehabt? Denn es ist seinesgleichen auf Erden nicht, fromm und rechtschaffen, gottesfürchtig und meidet das Böse und hält noch fest an seiner Frömmigkeit; du aber hast mich bewogen, ihn ohne Grund zu verderben. 2,4 Der Satan antwortete dem HERRN und sprach: Haut für Haut! und alles, was ein Mann hat, lässt er für sein Leben. 2,5 Aber strecke deine Hand aus und taste sein Gebein und Fleisch an: Was gilt's, er wird dir ins Angesicht absagen! 2,6 Der HERR sprach zu dem Satan: Siehe da, er sei in deiner Hand, doch schone sein Leben! 2,7 Da ging der Satan hinaus vom Angesicht des HERRN und schlug Hiob mit bösen Geschwüren von der Fußsohle an bis auf seinen Scheitel. 2,8 Und er nahm eine Scherbe und schabte sich und saß in der Asche. 2,9 Und seine Frau sprach zu ihm: Hältst du noch fest an deiner Frömmigkeit? Sage Gott ab und stirb! 2,10 Er aber sprach zu ihr: Du redest, wie die törichten Weiber reden. Haben wir Gutes empfangen von Gott und sollten das Böse nicht auch annehmen? In diesem allen versündigte sich Hiob nicht mit seinen Lippen.

MAT. 15 DIE GELEHRTENTRAGÖDIE IM KONTEXT DER WERKSTRUKTUR

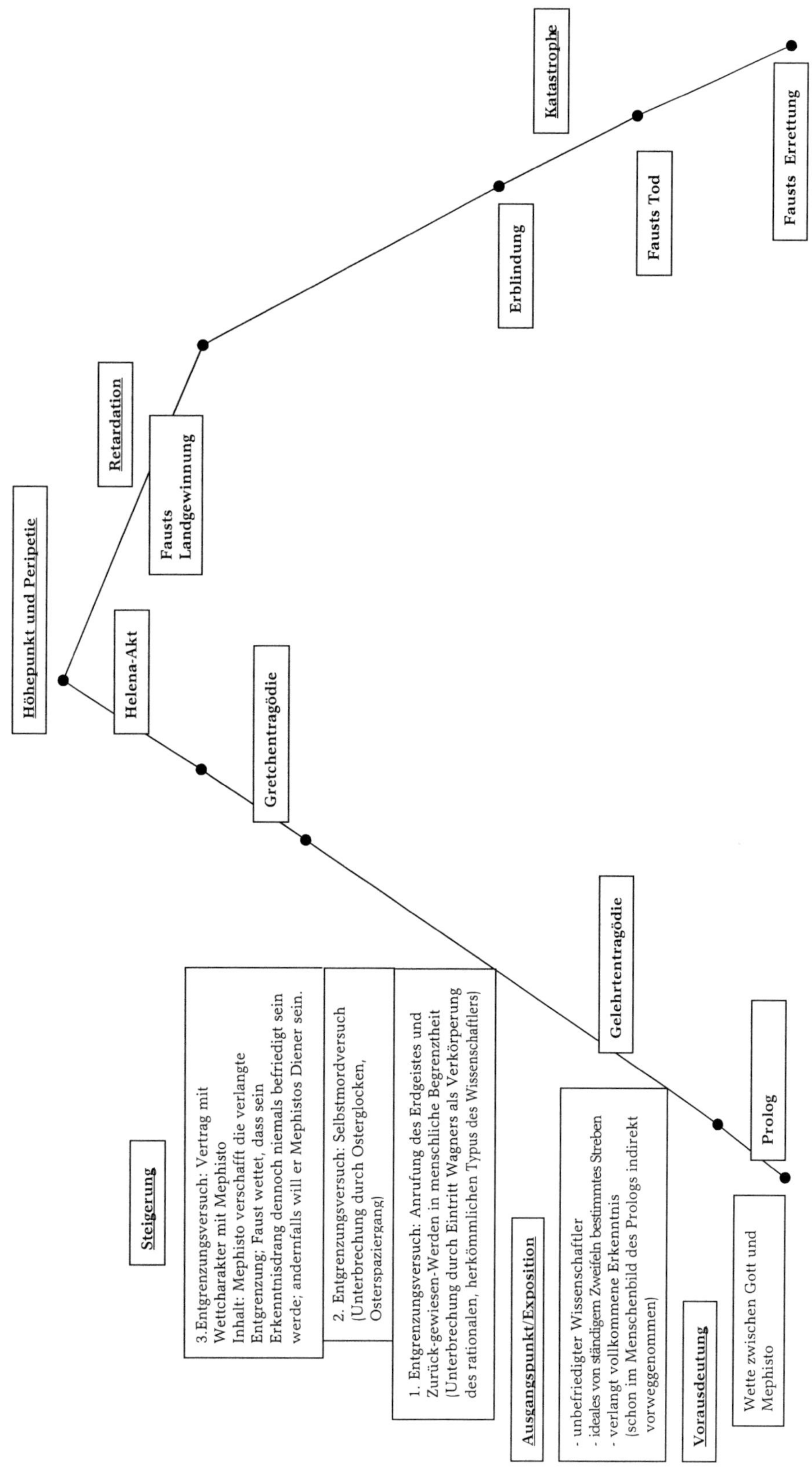

Mat. 16 Emanuel Swedenborg (1688–1772): Schriften

Himmlische Geheimnisse (1763)

[233.] Durch Wissthümliches die Geheimnisse des Glaubens prüfen (explorare), ist so unmöglich, als einem Kameel, durch ein Nadelöhr zu gehen; und eben so unmöglich, als es einer Rippe ist, die reinsten Fiberchen der Brust und des Herzens zu regiren; so grob und noch viel gröber ist das Sinnliche und Wissthümliche im Vergleich mit dem Geistigen und Himmlischen: wer bloß die Naturgeheimnisse, welche unzählig sind, erforschen will, entdeckt kaum Eines, und wenn er ihnen nachforscht, verfällt er in Falschheiten, wie wohl bekannt ist: wie viel mehr bei den Geheimnissen des geistigen und himmlischen Lebens, wo Myriaden sind für Eines, das in der unsichtbaren Natur ist? [...] dass dem so ist, kann man niemahls mit den Sinnen, mit der Wissenschaft und Philosophie begreifen; werden diese zu Rathe gezogen, so wird es gänzlich geläugnet, da es doch an sich wahr ist; so in gleicher Weise bei allem Uebrigen. Hieraus erhellt, dass die, welche Sinnliches und Wissthümliches über Glaubenssachen zu Rathe ziehen, nicht allein in Zweifel, sondern auch in Läugnung, das ist, in Finsterniß sich stürzen, und wenn in Finsterniß, auch in alle Lüste; denn wenn man das Falsche glaubt, so thut man auch das Falsche; und wenn man glaubt, es gebe nichts Geistiges und Himmlisches, so glaubt man, es gebe allein Körperliches und Weltliches, somit liebt man alles, was sein eigen und der Welt ist, in Folge dessen dann aus dem Falschen Lüste und Böses. [...]

[69.] Der Mensch ist vom Herrn so geschaffen, dass er während er im Leibe lebt, zugleich mit Geistern und Engeln reden könnte, wie es denn auch in den ältesten Zeiten geschehen ist, (denn er ist einer von ihnen, weil er ein mit einem Körper umkleideter Geist ist:) weil aber die Menschen in der Folgezeit sich so in's Leibliche und Weltliche versenkt haben, dass sie sich fast um nichts anderes mehr bekümmern, so ist der Weg verschlossen worden; sobald aber das Leibliche, in das er versenkt ist, zurücktritt, wird der Weg geöffnet, und er ist unter den Geistern, und lebt mit ihnen zusammen.

(Emanuel Swedenborg: *Himmlische Geheimnisse.* Aus dem Lateinischen übersetzt von Dr. Joh. Fried. Immanuel Tafel. Erster Band. Tübingen 1845, S. 139 f. und 55 f.)

Die Erdkörper in unserem Sonnensystem (1763)

[2.] Es gibt eine große Zahl von Erdkörpern und auf ihnen Menschen, und in Folge dessen auch Geister und Engel. Im Jenseits ist dies eine sehr bekannte Thatsache, denn jeder daselbst darf, wenn ihn Liebe zur Wahrheit und somit zur Nutzleistung treibt, mit Geistern anderer Erdkörper reden, und so sich von der großen Menge der Welten überzeugen, auch die Kenntnisse gewinnen, wie nicht bloß auf *einer* Erde, sondern auch auf zahllosen anderen Menschen leben, und außerdem wie ihre Sinnesart, Leben, und Gottesdienst beschaffen sei.

[94.] Ich sah eine sehr schöne Flamme; sie war bunt purpurn, dann aus Weiß in Roth übergehend, auch schimmerten die Farben schön goldig aus der Flamme hervor. Dazu erblickte ich eine Hand, der diese Flamme anhaftete, zuerst auf dem Rücken, dann an ihrer innern Fläche; darauf beleckte sie die Hand ringsherum. Dies dauerte eine Zeitlang. Hierauf bewegte sich diese Hand mit der Flamme auf einige Entfernung zurück und wo sie stille stand, war es lichthell; in dieser Lichthelle zog sich die Hand noch mehr zurück und nun verwandelte sich die Flamme in einen Vogel, welcher anfangs die gleichen Farben hatte wie die Flamme und die Farben schimmerten in ähnlicher Weise; aber allmählich veränderten sich die Farben und mit den Farben die Lebenskraft des Vogels: Er flog, umher und zwar zuerst um mein Haupt, darauf nach vorn in ein enges Gemach, welches dem Allerheiligsten eines Tempels glich; aber je mehr er nach vorn flog, desto mehr wich das Leben von ihm und zuletzt ward er zu Stein. Zuerst war er dann von perlgrauer, nachher von dunkler Farbe. [...]
[125.] Wer die Geheimnisse des Himmels nicht kennt, vermag nicht zu glauben, dass ein Mensch so entlegene Erden sehen und auf Grund sinnlicher Erfahrung von ihnen etwas berichten kann [...] So geschah es auch mit mir, weil mir aus Göttlicher Barmherzigkeit des Herrn verliehen wurde, mit Geistern als Geist und zugleich mit Menschen als ein Mensch zu verkehren. Dass ein Mensch seinem Geiste nach so versetzt werden kann, vermag der sinnliche Mensch nicht zu fassen; denn er lebt in Raum und Zeit und bemisst seine Ortsveränderungen darnach.

(Emanuel Swedenborg: *Die Erdkörper in unserem Sonnensystem.* Stuttgart 1875, S. 8, 57 und 73.)

Himmel und Hölle (1763)

[360] Der Mensch kann nur durch die Welt für den Himmel gebildet werden, denn in der Welt enden die letzten Wirkungen, welche die Neigung eines jeden abrunden müssen. Wenn diese sich nicht in Taten entfaltet oder erfüllt haben – und das geschieht mitten in der gesellschaftlichen Vielfalt –, erstickt die Neigung zuletzt, u. z. im gleichen Maße, wie der Mensch seinen Blick nicht mehr auf den Nächsten, sondern nur noch auf sich selber richtet. Damit ist klar, dass ein Leben tätiger Nächstenliebe – und diese besteht darin, dass man bei jeder Arbeit und Verrichtung gerecht und redlich handelt – zum Himmel führt, keineswegs aber ein (so genannt) frommes Leben ohne tätige Nächstenliebe. Die Taten der Nächstenliebe und davon abhängigen Entwicklungen jenes Lebens sind folglich nur in dem Maße möglich, wie der Mensch Anteil an den Geschäften dieser Welt nimmt, nicht aber, wenn er sich davon zurückzieht.
[403] Einige Geister hatten sich in der Welt die Meinung gebildet, die himmlische Seligkeit bestehe in einem Leben des Müßiggangs, indem man von anderen bedient würde. Ihnen wurde jedoch bedeutet, das Glück bestehe nirgends im Ausruhen und Genießen; denn dann würde jeder das Glück des anderen für sich beanspruchen, es also niemand besitzen. Dies wäre kein tätiges Leben, sondern ein Leben des Müßiggangs, in dem sie erlahmen würden. Dabei könnten sie doch wissen, dass es kein Lebensglück ohne Tätigkeit gibt und die Muße bloß der Erholung dient, damit man dann umso freudiger zur Tätigkeit seines Lebens zurück-

kehren könne. Nachher wurde ihnen an vielen Beispielen gezeigt, dass das Leben der Engel in guten Handlungen der Nächstenliebe, nämlich in der Nutzwirkung, besteht, und dass die Engel all ihr Glück in der Nutzwirkung, aus der Nutzwirkung undgemäß der Nutzwirkung finden. Um die Geister zu beschämen, welche die Vorstellung nährten, die himmlische Freude bestehe darin, untätig dahinzuleben und im Müßiggang ewige Freude zu genießen, wurde ihnen ein solches Leben zu empfinden gegeben. Und in der Tat fühlten sie, dass das ein höchst trauriges Leben wäre und es sie, weil auf diese Weise alle Freude erlahme, nach kurzer Zeit anwidern und anekeln würde.

[545] Manche sind der Meinung, dass Gott sein Angesicht vom Menschen abwende, ihn von sich stoße, in die Hölle werfe und über sein Böses erzürnt sei. Manche gehen noch weiter und meinen, dass Gott den Menschen strafe und ihm Böses erweise. Sie bestärken sich in dieser Ansicht durch den Buchstabensinn des Wortes, in dem ähnliches gesagt wird, und wissen nicht, dass der geistige Sinn des Wortes die Erklärung des buchstäblichen und von ganz anderer Beschaffenheit ist. Aus diesem geistigen Sinn des Wortes stammt daher die reine Lehre der Kirche, die etwas ganz anderes lehrt, nämlich dass Gott niemals sein Antlitz vom Menschen abwendet oder ihn von sich stößt, dass er niemanden in die Hölle wirft und niemandem zürnt. Das kann auch jeder erkennen, dessen Gemüt erleuchtet wird, wenn er das Wort liest, schon allein daraus, dass ja Gott das Gute, die Liebe, die Barmherzigkeit selbst ist. Das Gute selbst aber vermag niemandem etwas Böses zuzufügen und die Liebe und Barmherzigkeit keinen Menschen zurückzustoßen, denn das widerspräche dem eigentlichen Wesen der Barmherzigkeit und Liebe, folglich dem Göttlichen selbst.

[548] Damit ist klar, dass der Herr durch die Engel wie auch durch einen Einfluss aus dem Himmel jeden Geist an sich zieht, dass aber Geister, die dem Bösen verfallen sind, ganz und gar widerstreben und sich gleichsam vom Herrn losreißen und wie mit Stricken von ihrem Bösen, also von der Hölle, angezogen werden. Und weil sie diesem Zug aus ihrer Liebe zum Bösen heraus auch folgen wollen, so steht fest, dass sie sich freiwillig in die Hölle stürzen.

(Emanuel Swedenborg: *Himmel und Hölle*. Aus dem Lateinischen von Dr. Friedemann Horn. Zürich o. J., S. 248, 281, 408, 410 f.)

Mat. 17 Die Gretchentragödie

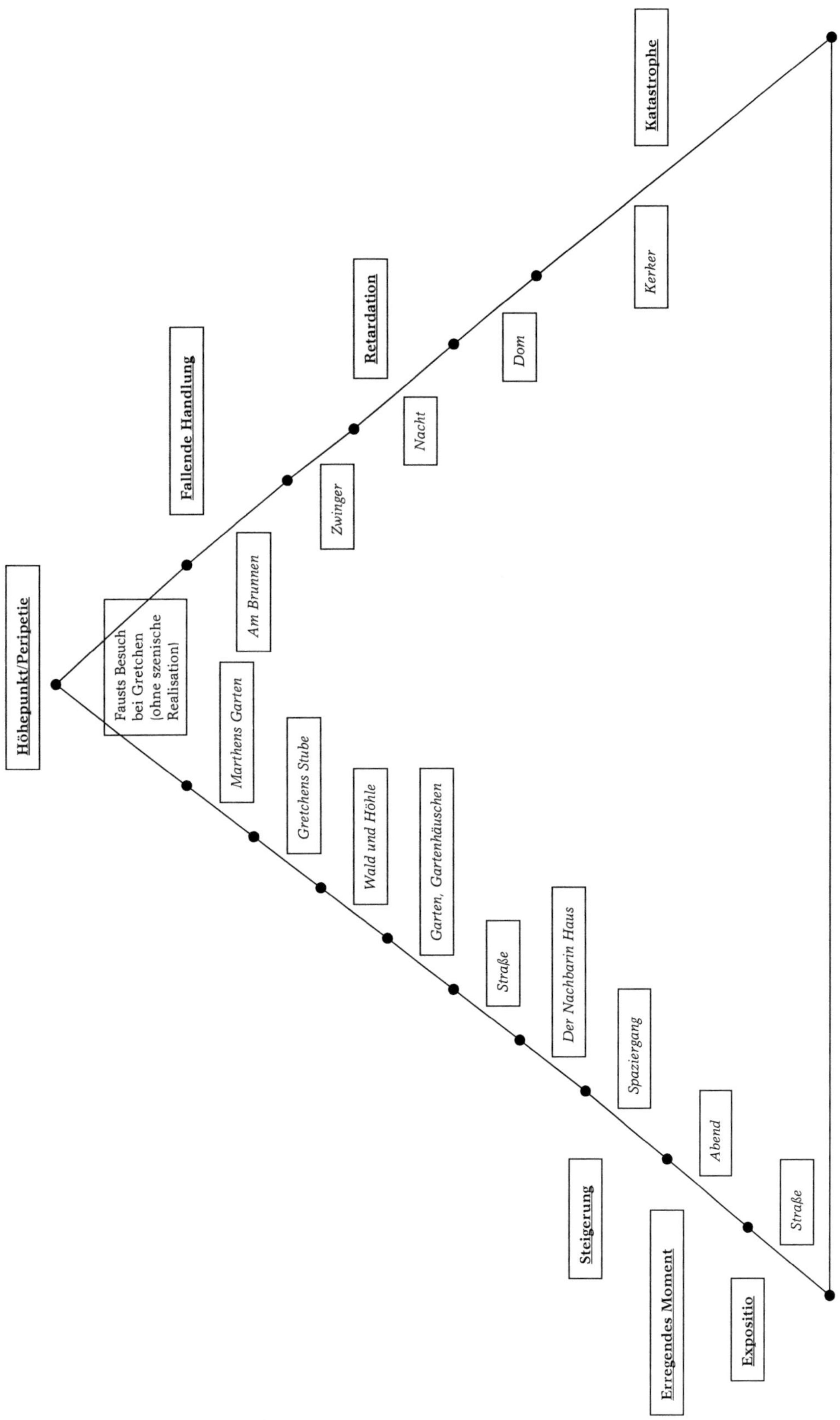

Mat. 18 Zum Motiv der Kindsmörderin

Zum Motiv der Kindsmörderin

Die ursprüngliche Strafe für Kindsmord war das Pfählen. Im Jahre 1532 legte Artikel 131 der *Hals-Gerichts-Ordnung* fest, dass Frauen, die ihr Neugeborenes töteten, zum Tod durch das Säcken zu verurteilen sind, d. h., sie wurden zusammen mit einem Hund, einem Hahn, einer Schlange und einer Katze in einen Sack gesteckt und ertränkt. Ab dem 17. Jahrhundert wurde das Säcken durch die vermeintlich humanere Hinrichtung durch das Schwert abgelöst. Die Zahl der Kindsmorde nahm nicht ab, insbesondere deshalb, weil unverheiratete Mütter soziale Stigmatisierung zu erwarten hatten.

Schon das *Faust*-Buch von Nikolaus Pfitzer aus dem Jahre 1674 kennt das Motiv des Kindsmord. Goethe war als Jurist mit einem entsprechenden Fall konfrontiert. Tilman Jens kommentiert die Rolle, die Goethe in dem Prozess spielte: „Gretchen kennt jeder, wer aber kennt Anna Catharina Höhn? Eine ledige Magd aus dem Dorf Tannroda. Am 11. April 1783 hat sie in tiefer Not ihren neugeborenen Sohn getötet. Eine Kindsmörderin wie die Geliebte des Heinrich Faust (...).

Ob sich der Minister seiner Zeilen aus dem *Urfaust* erinnert hat, als er im Herbst 1783 über das Leben der Anna Catharina Höhn zu entscheiden hatte? Seine Kollegen im Geheimen Conseil waren uneins: Schnauß ist für die Todesstrafe, von Fritsch dagegen. Goethes Votum muss den Ausschlag geben. Die Angeklagte durfte hoffen. Der Herzog tendiert zu einer lebenslangen Haftstrafe, will sich aber dem Votum der Kommission beugen. (...)

Seit 1782 ist Goethe geadelt, den Nöten einer Frau wie der Angeklagten, einer Magd, vollends entrückt. Johann Wolfgang von Goethe hält es mit der Staatsräson. Es möge *räthlicher seyn*, schreibt er am 4. November 1783, *die Todesstrafe beyzubehalten*. Wie beiläufig sagt er das. *Räthlicher*! Als ginge es um die Neufestsetzung der Biersteuer.

24 Tage später wird Anna Catharina Höhn *durch das Schwert vom Leben zum Tode* gebracht."

(Tilman Jens: *Goethe und seine Opfer. Eine Schmähschrift.* Düsseldorf 1999, S. 69 f.)

Mat. 19 Leben und Sterben der Kindsmörderin Susanna Margaretha Brandt

Leben und Sterben der Kindsmörderin Susanna Margaretha Brandt

Nach den Prozessakten der Kaiserlichen Freien Reichsstadt Frankfurt am Main, den sogenannten Criminalia 1771.
Die Gesuchte wird verhaftet und sogleich vernommen.

quaest. 1
Wie sie heiße, wie alt, wessen Religion, woher und womit sie sich ernähret?
R: Susanna Margretha Brandtin, 24 Jahre alt, reformirter Religion, von hier und seye ihr Vatter bey hiesiger Garnison als Gefreyter gewesen, ihr Vatter und Mutter aber wären bereits gestorben, und habe sie bey der Fräu Bauerin in dem Gasthauß zum Einhorn als Magd gedienet.

quaest. 3
Wie lange sie schwanger seye?
R: Das könne sie nicht sagen, weilen sie es nicht gewusst.

quaest. 4
Wie lange es seye, dass sie ihre ordentliche Reinigung nicht gehabt?
R: Sie könne nicht leugnen, dass sie mit einem im Gasthaus zum Einhorn einlogirten Holländer, dessen Nahmen sie nicht wisse, gegen abgelaufenes Weynachtsfest den Beyschlaf ausgeführt. [...]

quaest. 5
Ob sie dann nachhero kein Leben des Kindes, keine Wehen oder Leibesschmertzen empfunden und auch nicht wahrgenommen, dass ihre Brüste dicker worden?
R: Sie habe weder Schmertzen bis zu ihrer Entbindung noch ein Leben des Kindes bey sich verspühret. Das aber habe sich bey ihr zugetragen, dass etwas wie ein Stein, dann auf die linke, dann auf die rechte Seite gefallen, von welchem sie nicht gewusst, dass es ein Kind gewesen, ansonsten würde sie es ihrer Frau und ihren Schwestern, welche sie vor etwa vier Wochen etliche mahl visitiret und schwanger zu sein geglaubet, sogleich angezeiget haben.

quaest. 6
Wer bey ihrer Niederkunft zugegen gewesen?
R: Es seye niemand bey ihr gewesen.

quaest. 7
Warum sie denn niemanden dazu genommen oder gerufen?
R: Die Waschküche seye weiter hinter dem Hauß gelegen, sie seie matt gewesen und die Schmertzen hätten sie so schnell überfallen, dass sie nicht mehr rufen können.

quaest. 8
Wohin sie das Kind aus der Bauerischen Wasch-Küche gebracht habe?
R: Als das Kind von ihr geschossen auf die Erde, habe sie dasselbe von der Erde unter dem Halß aufgehoben. In dem Halß habe es etwas gerosselt, sonsten habe sie aber kein Leben an demselben verspühret, wie sie sich dermahlen noch erinnere. Sie habe es hierauf in den Stall getragen und mit etwas Heu und Stroh bedeckt, worauf sie sich eine zeitlang im zweyten Stock des Bauerischen Haußes auf die Treppe gesetzt und biß nach 10 Uhr daselbsten sitzen blieben. [...]

80) Ob und wie lang sie des Vorhabens gewesen, das Kind umzubringen?
R: Sie könne nicht läugnen, dass von der Zeit an, als sie das Leben des Kindes verspühret, der Satan ihr in den Sinn gegeben habe, dass sie in dem grosen Hauß leicht heimlich gebähren, das Kind umbringen, verbergen und vorgeben könne, dass sie ihre Ordinaire wieder bekommen. Als sie Samstags vor ihrer heimlichen Geburt oben auf dem Boden 3 Stiegen hoch, woselbsten ihr Schwager der Schreiner Hechtel einen Unterschlag machen müssen, den Boden kehren wollen, habe ihr auf einmahl der Satan in den Sinn gegeben, sie solle sich dem grosen Gaubloch hinunterstürtzen, worüber sie aber ein Schauer überfallen; so dass sie den Besen hingelegt und ohnverrichteter Sache hinunter gegangen seye, auch ein Zittern am ganzen Leib verspühret habe.

(Continuatum den 9ten octobris 1771)
Coram Iisdem
Hat man die Inquisitin abermahls vor das Verhör bringen lassen und dieselbe unter wiederholter Erinnerung, die Wahrheit zu gestehen, weiter befragt:

106) Ob dann das Kind, wie sie selbiges nach dem Stall getragen, gar kein Leben mehr verspühren lassen?
R: Nein. Es häte nicht mehr gelebt.

107) Warum sie deme ohngeachtet selbiges dann noch einmahl mit dem Kopf wieder die Wand geschlagen habe ?
R: Sie hätte zwar kein Leben mehr an dem Kind gespühret, weilen sie aber befürchtet, es mögte doch noch nicht recht todt seyn, so habe sie ihm den Kopf noch mahlen wieder die Wand geschlagen, und es nach der Hand hingeleget.

108) Warum sie dann das Kind bey dem Erdrosseln im Gesicht so gekratzt habe?
R: Weilen sie geglaubt, dass es desto eher todt seyn würde, und weilen ihr der Satan dieses alles so in den Sinn gegeben habe.

109) Ob sie auch nicht gestehen müsse, dass sie das Kind an verschiedenen Theilen des Leibes verwundet habe?
R: Ja. Sie habe das Kind auch mit der Scheer hier und da verletzt, dass es sich verbluten solle, wo und an welchen Theilen aber eigentlich, könne sie nicht sagen.

110) Ob sie keine Reue in, während oder nachvollbrachter That empfunden habe?
R: Ja. Nach der Hand wie sie auf der Treppe gesessen, hätte sie es hertzlich bereuet, dass sie ihr Kind umgebracht. Während der That aber wäre sie gantz verstockt und verblendet gewesen.

111) Zu was Ende oder aus was Ursache sie dann ihr eigen Fleisch umgebracht?
R: Um der Schande und des Vorwurfs der Leute zu entgehen, dass sie ein unehliches Kind gebohren, und weilen sie geglaubt, dass sie in dem grosen Hauß gar leicht heimlich gebähren könnte, so daß es niemand gewahr würde.

112) Ob sie mehrere Kinder verthan?
R: Nein: Das wäre leider ihr erstes Kind gewesen, wodurch sie zu Fall gekommen.

113) Ob sie nicht gestehen müsse, dass sie in den ersteren Verhören im Hospital die Unwahrheit geredet?
R: Ja. Sie müsse gestehen, dass sie aus Verstockung die Unwahrheit geredet. [...]

Um halb zehen Uhr erschiene der Stöcker und zeigte an, dass währendem Läuten der Vater-Unser Glock in der Barfüßer-Kirche die Sturm-Glocke zum ersten, eine viertel Stunde hernach zum zwevten und abermal nach Verlauf einer viertel Stunde zum dritten mal durch ihn angeschlagen worden, auf welche Anzeige dann alles zum Ausführen veranstaltet und der armen Sünderin beym Austritt aus dem Stübgen an der Stiege die Hände durch den Stöcker und seinen Knecht gebunden und solche vom Thurm heruntergebracht wurde. Worauf mich in Begleitung der beeden Einspänniger zu Pferd setzte, hinter uns folgte aber die arme Sünderin, welche von denen beeden Herren Geistlichen und 2. ältesten Candidaten unter beständigem Beten und Singen, bis auf das gegen der Catharinen-Kirch über aufgeschlagene Gerüste begleitet wurde, woselbst sodann, währendem eifrigen Gebet das Todesurteil durch des Nachrichters Hofmann ältesten Sohn von großen Gera durch einen Hieb glücklich und wohl vollzogen, der Körper hingegen, nachdem sich das Volk ein wenig verlaufen, in einem Sarg durch des Nachrichters Knechte auf dem Karn nach guten Leuten abgeführet und daselbst begraben worden. So geschehen Frankfurt den 14ten Januarii 1772.
Johannes Raal
Obr. Richter und Fisc.

(*Leben und Sterben der Kindesmörderin Susanna Margaretha Brandt*. Insel-Bücherei Nr. 969, Frankfurt 1973, S. 38 ff.)

MAT. 22 PARALLELEN ZWISCHEN *FAUST I* UND *FAUST II*

Faust I	**Gemeinsame Themen**	*Faust II*
„Prolog im Himmel"	„Streben" (V. 4685) als Merkmal des menschlichen Wesens	„Anmutige Gegend"
„Vor dem Tor"	Spiegelung des bürgerlichen Lebens	1. Akt: „Mummenschanz"
„Faustens Studierzimmer"	Wissenschaftssatire	2. Akt: „Faustens Studierzimmer"
„Hexenküche"	Verjüngung/Schöpfung menschlichen Lebens	2. Akt: „Laboratorium"
„Walpurgisnacht"	Mythische Figuren des Mittelalters und der Antike, Feste nach Geschmack Mephistos (*Faust I*) und Fausts (*Faust II*)	2. Akt: „Klassische Walpurgisnacht"
Gretchen-Tragödie	Liebe als Versuch der Grenzüberschreitung	3. Akt: Helena-Spiel
Kerker: Gretchens Rettung	Göttliche Erlösung durch Gnade und Tätig-Sein	5. Akt: Tod und Ende

Mat. 24 Texte zur Rezeption von Goethes *Faust*

Rezeption in der Zeit der nationalsozialistischen Diktatur

Sein Schöpfer ist nicht Goethe allein, sondern der deutsche Genius schlechthin. Deutsches Wesen, deutsches Glücksbegehren, deutscher Glaube, deutsches Kämpfen und deutsches Gottfinden sind in Goethes *Faust* gestaltet, deshalb wirkt er über die Grenzen des Deutschtums hinaus, darum ist er das dichterische Kunstwerk der Welt. An ihm erfasst die Welt, was Deutschsein heißt, in ihm grüßt sie deutsche Art, ob sie es will oder nicht.
(Gerhard Steiner [Hrsg.]: *Faust. Wandlungen deutscher Sehnsucht. Goethe – Grabbe – Lenau – Chamisso.* Riga: Osteuropäische Verlagsgemeinschaft, 1944, S. 8.)

Literarische Rezeption: Thomas Manns *Doktor Faustus*

Die heftigsten, auch nach Jahrzehnten noch nicht ganz abgeklungenen Diskussionen hat das Hauptwerk des Alters, *Doktor Faustus* (Stockholm 1947), ausgelöst. Als Parabel des Verhängnisses trifft »das Leben des deutschen Tonsetzers Adrian Leverkühn, erzählt von einem Freunde« die mit kollektiver Schuld oder Scham ringenden Deutschen bis heute. Aber auch wer das Politische an diesem Buch nur noch für eine Last der Väter hält, wird sich der Faszination durch den Protagonisten mit Nietzschezügen u. der Magie seiner Werke kaum entziehen können. Niemals zuvor sind mit solcher Überzeugungskraft musikal. Kompositionen allein durch das Wort realisiert worden. Denn um Schöpfungen, nicht um Beschreibungen handelt es sich bei der Darstellung vor allem der beiden Hauptwerke Leverkühns, der Apokalypse u. der Faust-Kantate. Seit M.s Selbstkommentar *Die Entstehung des Doktor Faustus* (Bln. 1949) liegt zudem offen, dass der Roman vor allem »Lebens- und Geheimwerk« ist, ein Schlüsselwerk also, aber nicht im Sinne jener Enthüllungsschriftstellerei, mit der verwechselt zu werden sich M. schon früh in *Bilse und ich* (Mchn. 1906) verwahrt hatte. Der Kern des Romans ist in einer Notiz von 1904 über den syphilitischen Künstler als Dr. Faust zu erkennen. Jahrzehnte mussten sich an diesen Kern ankristallisieren, damit aus dem Nietzsche-Sujet die geheime Lebensbeichte samt Selbstabsolution werden, also eine radikale, d. h. die Wurzeln der eigenen Existenz aufdeckende u. dennoch indirekte Autobiografie entstehen konnte. Da diese Jahrzehnte für M. auch die identifizierende Verstrickung in den konservativen Nationalismus u. dann den moralischen Zwang zur Politik bedeuteten, wurde die Konfession zum Epochengleichnis. Nur mit Hilfe eines eigenen, alle Sprach- u. Erzählmittel resümierenden Chiffresystems konnte dies ins Kunstwerk gesetzt werden. Da für M. seit je die Musik, diese »Zweideutigkeit als System«, das Paradigma für Kunst war, in der Periode seiner romant. Politik-Verwirrung gar die Musik mit dt. Wesen gleichgesetzt wurde, musste der letzte Faust konsequenterweise zum Tonsetzer werden. Zum Chiffresystem gehören die geheime Identität von Leverkühn u. Zeitblom; die in der Werkgeschichte des Komponisten verborgene Werkgeschichte von M. selbst; die von Adorno vermittelte Zwölftontechnik, hinter der aber die eigene, in Analogie zu

Wagner entwickelte leitmotivische Erzählkunst steckt; die scheinauthent. Biografie als noch mögl. Form, nachdem der Roman des Endes auch das Ende des Romans ist; im Buch steht dafür die Sonatenform; mit der Zurücknahme von Beethovens Neunter Sinfonie ist Goethes allgegenwärtiger Faust gemeint. Offenkundig hingegen ist die Überlagerung der Zeitebenen: Autor u. Chronist beginnen am selben 23. Mai 1943 zu schreiben. Diese Gegenwart schlägt immer wieder durch die mit Leverkühns Lebenszeit (1885 bis 1941) eingegrenzte Vergangenheit, auf der wiederum die ganze Erbschaft vom späteren MA an liegt. Die fraglos problematische Verschränkung des Künstlerschicksals mit der geistigen u. politischen Geschichte der Deutschen ist Intention des Autors, sie wird aber verfehlt, wenn man die Doppeltragödie als bloße Parallele deutet.

(Eckhard Heftrich: *Thomas Mann*. In: Digitale Bibliothek Band 9: Killy Literaturlexikon. Berlin 1998, S. 13248–13250.)

Rezeption in Ostdeutschland: Auszug aus der Rede Hanns Eislers vor der Akademie der Künste (1953)

Faust als negative Figur
Beim Lesen der Volksbücher über Dr. Faust [...] sah ich, dass es Bauern sind, und so suchte ich mir die positiven Gegenspieler aus ihrer Geschichte. Die fand ich in Thomas Münzer und seinen revolutionären Bauern und schrieb eine neue Version der alten Volkssage. Sie sehen also, dass ich nicht von Goethe ausging. [...] Es schien mir möglich, in einer Oper einen kleinen finsteren Faust zu zeigen, einen, der voll Kummer auf sich weist und bereut. Dagegen, dachte ich, dürfte auch der große Goethe nichts einzuwenden haben, nach allem was passiert ist.
Was ist die Moralität des »Faustus«?: Wer sich gegen sein Volk, gegen die Bewegung seines Volkes, gegen die Revolution stellt, sie verrät, wird vom Teufel geholt. Nach der Niederlage versucht Faust, zu Ansehen und Macht emporzusteigen. Aber die einmal erkannte Wahrheit der Revolution kann man nicht verdrängen. In seiner »Confessio« wird er ein Mensch, denn indem er sich erkennt, vermenschlicht er sich, und so zeigt diese negative Gestalt auch einen positiven Zug.

(Louise Eisler-Fischer: *Faust in der DDR*. Neues Forum Wien, Oktober 1969.)

Rezeption in Westdeutschland: Albrecht Weber: *Wege zu Goethes Faust* (1957)

[...] Faust ist immer noch derselbe, dessen letztes Begreifen die „Tat" (1237) war, der als Gelehrter das Gut und die Ehre der Welt bitter misste. Faust will „Besitz, Herrschaft, Eigentum" nicht um ihrer selbst willen, sondern nur als Voraussetzung „großer Taten", für welche „dieser Erdenkreis noch Raum gewähre". Die Erde ist noch nicht gestaltet.
Fausts Geist stößt zusammen mit dem Ungestalteten. Es ist das „ungebändigte" Meer: Das Element, das keine Ordnung, kein Gesetz, kein „Recht" – im menschlichen Sinne – angenommen hat, das Unbezwungene, das freie Meer, ruft Fausts Geist auf den Plan. Die freie Herrschaft der Welle stößt auf den herrscherlichen Menschen. Dieser Freiheit quer läuft jede andere Freiheit. Solange noch die Elemente der Natur zu bezwingen sind, ist es deren Freiheit, welche als Revolution empfunden

wird, als „Übermut leidenschaftlich aufgeregten Blutes". Ist die Natur unterworfen, muss es zwangsläufig die Freiheit der letzten freien Menschen sein, die das „Missbehagen des Gefühls" erweckt. Auch hier Gründe des Despoten: Kolonisiert wird, weil das unbezwungene Element das „Missbehagen des Gefühls" erregt. Vielleicht mehr Bedürfnis zu tun als bloßer „Verdruss", Gestaltungswille, aber doch in erster Linie Selbstbefriedigung maßlosen Gefühls, kein Dienen. Es ist ein machtvolles Streben nach Tat. Die Folgen erscheinen durchaus zweitrangig, nebensächlich, nichtssagend. Gleichgültig scheint dabei der Zweck zu sein, gleichgültig die Entgegennahme dieses Tuns durch die Zeitgenossen und die Geschichte, von denen bei „großen Taten" „Ruhm" zu erwarten wäre. „Die Tat ist alles, nichts der Ruhm." (10188)

Soziale und ethische Motive scheiden für den Entschluss zur Kolonisation aus. Andererseits ist Faust keineswegs nur ein nackter Despot, obwohl sein Wille immer dahin drängt. Rühmt Faust die „Seligkeit des Befehlens" (10252), so verachtet er aber auch das „Genießen", das „gemein macht" (10259), ein Befehlen also, das sich seiner Würde bewusst scheint. So fragt sich nun, ob Faust die Macht der Ordnung, für die er antritt, durch Wahrung des Rechts, „durch Schätzung aller Rechte" als dauerhaft bewähren kann.

Zunächst einmal kommt ihm alles auf Gestaltung an: „Die Tat ist alles". Es ist die Tat an sich, die verkündet wird. Diese „Tat" ist nichts als eine andere Form des „Weiterschreitens". Ohne höheren Auftrag, ohne Sinn und Ziel muss jede Tat fragwürdig bleiben, würdig der Frage nämlich, ob diese Tat und ihre Folge gerecht ist. Ungeduldiges Handeln steht keinesfalls über geduldig-abwartendem Nicht-Handeln, wenn auch Nicht-Handeln das Scheitern oft ebenso wenig vermeiden kann, wie Hamlets Schicksal zeigt. Man muss auch hier nach den seelischen Zusammenhängen fragen, aus denen dieses „Tat ist alles" emporsteigt. Faust hat im Fluch die heilen Kräfte verbannt und hat sich mit dem Bösen verbunden. „Das Beste seines Innern" ist von ihm abgelöst. Faust beginnt die Sinnlosigkeit des Versuches mit der Magie zu fühlen. Er fühlt das Chaos wiederkommen. Nun begegnet ihm im Meer dieselbe „zwecklose Kraft" auch von außen.

Es ist eben „beängstigend", dieselbe „zwecklose Kraft" täglich vor Augen rasen zu sehen, so „ungebändigt", so „ohne Zweck und Ruh" (3349), wie sie im Inneren, einem „Wassersturz" gleich, wühlt. Das Element des Wassers bildet die innere Unordnung ab. Das Bild 5 muss also verschwinden, als ob im Abbild das Urbild getroffen werden könnte! Faust hegt die Hoffnung, mit der Ordnung außen auch die innere wiederzugewinnen. Diese Ordnung scheint nun Faust jeder Anstrengung wert. Faust hat ein neues, gewaltiges Ziel. [...]

(Albrecht Weber: *Wege zu Goethes ‚Faust'*. Diesterweg, Frankfurt/M. 1957, S. 178–180.)

Mat. 25 Mögliche Klausurthemen

Aufgabe 1:

Textgrundlage: Szene „Trüber Tag" (Reclam-Ausgabe, S. 127 f.)

a) Ordnen Sie die Szene in den Handlungszusammenhang ein.
b) Analysieren Sie den Dialog insbesondere im Hinblick auf die Schuldfrage.
c) Erarbeiten Sie über die angegebene Szene hinaus die Rolle, die Mephisto in der Beziehung zwischen Faust und Margarete spielt.

Aufgabe 2:

Textgrundlage: V. 11511–11603

a) Erläutern Sie den Stellenwert des Monologes im Hinblick auf Fausts Entwicklung.
b) Vergleichen Sie die Textstelle mit der Paktszene aus *Faust I* (V. 1642–1706).
c) Untersuchen Sie den Zusammenhang zwischen Fausts Handeln und seiner Errettung.

Aufgabe 3:

Textgrundlage: V. 11511–11603

a) Erschließen Sie den Gesprächsverlauf der folgenden Szene unter Berücksichtigung der dramaturgischen und sprachlichen Gestaltungsmittel und bewerten Sie die das Gespräch prägenden gegensätzlichen Positionen!
b) Klären Sie vor dem Hintergrund Ihrer bisherigen Ergebnisse und auf der Grundlage Ihrer Kenntnis des Dramas, inwieweit Faust bei seiner Sinnsuche an Grenzen stößt!